典藏蘇州

典范苏州
社科普及精品读本

大师
奇人

—识人—
凝望苏州
——

杨旭辉 著

中国·苏州
古吴轩出版社

当我睁开眼睛，学着看世界的时候，我认识了苏州，认识了苏州人。

小时候，苏州很大，怎么也走不到边，八个城门，就像八个遥远的童话。长大后，苏州变了，不复存在的城门成了永久的记忆。

几十年来，我一直在写苏州，只有写得好与不好的区别，不存在写与不写的问题；只有写不够的饱满感觉，绝无不想写的丝毫念头。

确实，苏州是永远也写不尽的。

我熟悉苏州的一草一木，老城区的每条巷子，城外的每处山水；北边的阳澄湖，西边的太湖。人们在这座城市恬静安乐地生活，这种生活本身就说明了这座城市的不凡。

然而，一代又一代的人，还是忍不住要记下苏州究竟有多好。

因为苏州的独特的好，从古至今，住在苏州的，来过苏州的，甚至只是听说过苏州的，都要忍不住为她写点什么。

只是，一旦提笔，就难免会觉得，大家已经写得够多的了，持续的书写还有意义吗？但同时立刻又会想到，我们之所以能看到今天的苏州，能更深地理解苏州，不都是因为前贤们留下来的一字一字、一书一书、一碑一碑？

所以，记录总是有意义的。

何况是记录苏州。

从伍子胥建城至今，苏州古城有两千五百多年的历史了。再把时间往前推移到泰伯奔吴，岁月的线索就拉得更长了。而有实物考证的历史，比传说还久远，太湖三山岛遗址、唯亭草鞋山遗址，都见证了中国最早的文明。

大家都说苏州城秀美，物阜民安，文化丰饶。其实苏州未尝没有经历过天灾人祸、兵荒马乱，只是这里的人，总是能很快在废墟上重建辉煌。这份坚韧和刚毅，才是最值得我们骄傲的。

面对历史积累下来的无数辉煌，苏州市委宣传部、市社科联和古吴轩出版社联合编辑出版的这套《典范苏州·社科普及精品读本》，选用了一种很特殊的方式来介绍苏州灿烂而独特的文化：听声、读城、博物、品味、识人、传道，六个系列，声色指间，可听可感地把苏州文化娓娓道来。

典范苏州，其沉淀、传承与创新的文化，在中国甚至在世界文化领域都具有一定的代表性、独特性、丰厚性以及它们的传承性和创新性。这些典范特征不仅体现在特色鲜明的物化形态上、门类齐全的艺术形态上，还体现在文化心理的成熟、文化氛围的浓重、文化精神的彰显等诸多方面。可以说，这套丛书所选主题、所涉内容都充分展示了这种典范的特性。

虽然同样涉及昆曲评弹、园林山水、年画刺绣、名贤廉吏等，但这套书和之前出版的一些介绍苏州文化的丛书相较还是颇为不同、富有创意的。图片多，文字又多以散文笔法呈现，读起来轻松，有亲近感。用这样的方式来介绍苏州的典范文化，把那些遥远的传统，更明了更具象地普及到我们这个时代的人们面前。作为一套普及读物，丛书编纂不仅邀请了一批经验丰富的吴文化专家坐镇，还请来一批来自高等学府的青年学者、来自中国作家协会的专业作家，以及一部分崭露头角的青年作者共同助阵。组建这样一个知识体系和年龄层次都比较全面的作者梯队，是希望做到吴文化的有序传承和创新发展，为各年龄阶段的大众读者呈现一个新鲜的、全面的、美丽的苏州。

在这里，典范将一一亮相：《昆曲》，一声缠绵低吟，是苏州人的精致优雅；《古典园林》，文人信步，是苏州人的闲情潇洒；您再走走，《街巷里弄》都藏着故事，您也许就能在巷陌遇见一位唐宋走来的名贤，或是一位抿着笑意的明季才女……其他每一册也有诸多亮点。其中较为特别的，是"传道"这一个系列。《家风》《学风》等都是十分重要的苏州文化内容，影响深远，关乎时代命题，是新的文化使命，把这些内容包含进来，也是《典范苏州·社科普及精品读本》的一个新的探索。

党的十九大报告指出，要加强文物保护利用和文化遗产保护传承，要坚定文化自信，推动社会主义文化繁荣兴盛。《典范苏州·社科普及精品读本》的编纂出版过程，是提升城市文化自信的一个具体的实践。所以，无论是像我这样的老苏州人，或者是想了解、想融入这个城市的新苏州人，都不妨来读一读，或者您就是苏州的一个过客，甚至您只是在诗文戏曲里到过苏州，都可以从这套丛书中欣赏到苏州的诗意景象、文雅风尚、历史积淀、时代风貌，如同身临其境，一定能够真切体会身在苏州的骄傲和自豪，深切感受对于中华文化的自信和热爱。

祖冲之

3.14

陆龟蒙

《耒耜经》

温热论

吴有性

薛雪

儒医

曹沧洲

三钱萝卜籽

塑圣

杨惠之

古代社会中的"巫医百工"之人，虽然身处社会下层，但他们对自己的事业坚守、执着、精益求精，用一生的时间践行着各自的初心，在各自的领域做出卓越贡献而被世人记住，被称为"大师""圣手"，乃至"奇人"！他们理应成为历史叙述中的重要角色，中国文化史的书写绝不能因为他们出身卑微而将他们遗忘。正是他们这种穷其一生做好一件事的人生态度，才创造了历史上一个又一个的奇迹。

计成

园冶

周丹泉

咄咄逼真

诗画传教

吴历

王锡阐
晓庵新法

李锐
《开方说》

天医星
叶天士

徐灵胎
医德警世

干将莫邪
勾吴神冶

叠石造园
张南垣

大师奇人关键词

科技英杰 名医国手 工匠大师 宗教巨哲 沧海明珠

竺道生
一阐提

弘储继起
浮屠遗民

琴僧
大休

目录

傲骨、侠骨、媚骨，即枯骨可致千金；

冷语、隽语、韵语，即片语亦重九鼎。

——陈继儒《小窗幽记》

马克思主义认为，人民群众是历史的创造者、社会物质财富和精神财富的创造者以及社会变革的决定性力量。人类社会的每一次进步和发展，都离不开"巫医乐师百工"这些平凡人的贡献。"巫医乐师百工"，理应成为历史叙述中的重要角色。事实上中国文化史的书写并未因为他们出身卑微而将他们完全遗忘，尤其是他们中的杰出者，因在各自领域的卓越贡献而被世人记住，被称为"大师""圣手"和"奇人"。

这样的"大师""奇人"，在苏州历史上层出不穷。

苏州地处长江中下游，河湖密布。独特的气候条件，使得吴人多湿热之症，这些病症很难用东汉时期"医圣"张仲景提出的"伤寒学说"来解释，也很难按照伤寒论的方法来进行医治。一代又一代的吴地医家，试图通过临床观察，来寻求医治之法，终于，在元末明初的时候，昆山人王履提出了"温病不得混称伤寒"，并采用"治以辛凉苦寒"的方法，完全有别于伤寒以"辛温解表"为主的做法。此后，经过吴有性、叶天士、薛雪、徐灵胎等人的发展，中国医学史上声名远扬的吴门"温病学说"逐渐形成，并形成"吴门医派"，在老百姓口中，更有"吴中医学甲天下"之美誉。

苏州自古以来多出能工巧匠，从春秋时期的铸剑大师干将、莫邪，

韵

侵云烟而独冷，移开清笑胡床，借竹木以成幽，撤去庄严莲坐。

奇

君子不傲人以不如，不疑人以不肖。

豪

能为世必不可少之人，能为人必不可及之事，则庶几此生不虚。

法

与其以衣冠误国，不若以布衣关世；与其以林下而矜冠裳，不若以廊庙而标泉石。

倩

入山采药，临水捕鱼，绿树阴中鸟道，扫石弹琴，卷帘看鹤，白云深处人家。

陈继儒《小窗幽记》

一直到当下的工艺大师，能人辈出。明代学者宋应星在他的名著《天工开物》中有这样的赞语："良工虽集京师，工巧则推苏郡。"到了清代，皇家御用的许多物品几乎都出自苏州，丝绸、刺绣、缂丝自不必说，苏州织造署就是专为皇家采办苏州丝绸产品的机构。清代浙江巡抚纳兰常安在其所著《受宜堂宦游笔记》中对苏州工艺给予了极高的评价："苏州专诸巷，琢玉、雕金、镂木、刻竹、髹漆、装潢、针绣，咸类聚而列肆焉。其曰鬼工者，以显微镜烛之，方施刀错。其曰水盘者，以沙水涤滤，泯其痕迹。凡金银、琉璃，绮、铭、绣之属，无不极其精巧。概之曰苏作。"自此以后，"苏作"这一词语就广为流传，成为苏州手工艺的金字招牌。

"南朝四百八十寺，多少楼台烟雨中"，杜牧的《江南春》绝句是对六朝以来江南佛教文化繁盛的最好写照。自东晋以还，苏州的宗教文化，尤其是佛教发展迅速，出现了支遁、竺道生这样的高僧大德，对

醒

能于热地思冷，则一世不受凄凉；能于淡处求浓，则终身不落枯槁。

峭

宇宙内事，要力担当，又要善摆脱。不担当，则无经世之事业；不摆脱，则无出世之襟期。

情

醉把杯酒，可以吞江南吴越之清风；拂剑长啸，可以吸燕赵秦陇之劲气。

灵

文人之深趣。雪后寻梅，霜前访菊，雨际护兰，风外听竹，固野客之闲情，实

素

颇怀古人之风，愧无素屏之赐，则青山白云，何在非我枕屏。

佛教的本土化做出了巨大贡献，宗教文化在苏州长盛不衰。直至清代，弘储继起融会儒佛，主张"以忠孝为佛事"；吴历游弋于佛教、天主教之间，成为早期天主教华人教士的代表；清末的大休，更是将佛教与文学、书画、古琴艺术集于一身……如此种种，无不表现出吴地文化的兼容并蓄。

在古代，由于某些传统观念的影响，这些"大师""奇人"大多被归入"巫医乐师百工"之列，生平事迹往往不受世人重视，有很多隐而不彰。他们隐遁于市井巷陌，托迹于"巫医百工"，但他们为世人创造了无数的精彩和奇迹，其功绩自应"不假良史之辞，不托飞驰之势，而声名自传于后"。笔者不敢遽称有"良史"之才，但还是愿将这些"巫医百工"之人的风采传诸笔端，因选录苏州历史上二十余位代表，草为传记。

壹

科技英杰

　　苏州地处太湖流域，以农耕为业，吴地人非常善于在劳作中总结，再加上文人的参与编辑整理，因而出现了许多重要的农学著作，也出现了诸如陆龟蒙、黄省曾这样著名的农学家。因生产、生活的需要，人们逐渐重视对天文、地理的观测，以及对历算的推演。在这一过程中，先后涌现出了像祖冲之这样享誉世界的著名数学家，以及天文学家王锡阐、光学仪器制造专家孙云球等。诸多苏州科技英杰，同时也是中国科学史的典范，在中国文化史上熠熠生辉。

南朝祖衝之在昆山爲
官期間僅憑割圓術和
數籌就將圓周率精算
到小數點後第七位領
先西方一千年

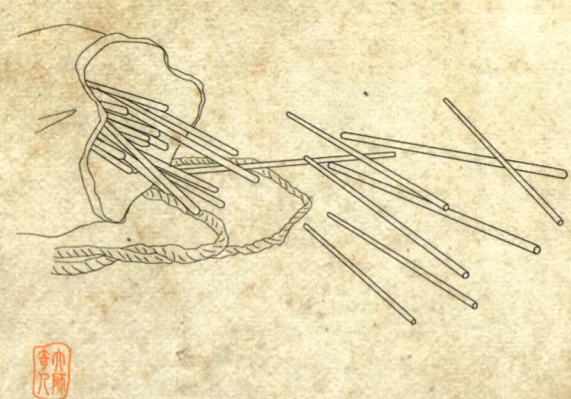

祖冲之：疑古求是，精算发明

昆山有一条纵贯南北的大道，名曰"祖冲之路"，顾名思义，是纪念南朝著名科学家祖冲之的。

祖冲之（429—500），字文远，祖籍范阳郡遒县（今河北涞水县）。为避北方的战乱，祖冲之的祖父祖昌便举家南迁江南。祖昌曾担任过刘宋王朝的"大匠卿"，掌管土木工程。祖冲之自幼受到家庭的影响，接受了大量的科学、工程技术方面的知识。青年时期，祖冲之曾进入华林学省任学士，从事学术活动。祖冲之的一生，在数学、天文历法和机械制作等方面都做出了杰出的贡献。

那么，祖冲之与昆山到底有些什么关系呢？据史料记载，祖冲之于南朝宋孝武帝时曾出任娄县（今江苏昆山）县令。为官期间，他清正廉明，勤政爱民，为人民办了许多实事、好事，深得老百姓的拥戴，所以历代修纂的《昆山县志》，都把他列入《名宦》之中。现代人以其名字命名市内的马路，也正是这种情怀的延续。为了纪念祖冲之对中国科学史所做的贡献，更为了弘扬他实事求是、勇于探索、严谨刻苦的科学精神，自2012年起，昆山市将每年的3月14日确定为"祖冲之纪念日"。

3.14，这是很多小学生都熟悉的一个数值——圆周率 π（圆的周长与直径的比例）的通用常数。以3月14日作为"祖冲之纪念日"，正是为了表彰和纪念祖冲之在圆周率计算上所做出的巨大贡献。

　　大约早在公元前2世纪的时候，中国的古算书《周髀算经》中就有"径一而周三"的说法，这是古人根据生活经验的积累做出的粗略计算。随着时代的发展，古人对于圆周率的计算越来越精确，到了东汉时期，科学家张衡的计算结果为3.16。到了魏晋时期，数学家刘徽采用"割圆术"来计算圆周率。所谓"割圆术"，就是先在圆内接正六边形，在此基础上再逐次分割，一直在圆内接正192边形。圆内的正多边形边数越多，多边形的周长就越接近圆的周长，圆周率计算的精度也就越高。所以刘徽在《九章算术》中说："割之弥细，所失弥少，割之又割，以至于不可割，则与圆周合体而无所失矣。"经过反复计算，刘徽最终给出的圆周率值为3.141024。

　　刘徽的"割圆术"，含有现代数学中求"极限"的思想，对于后人进

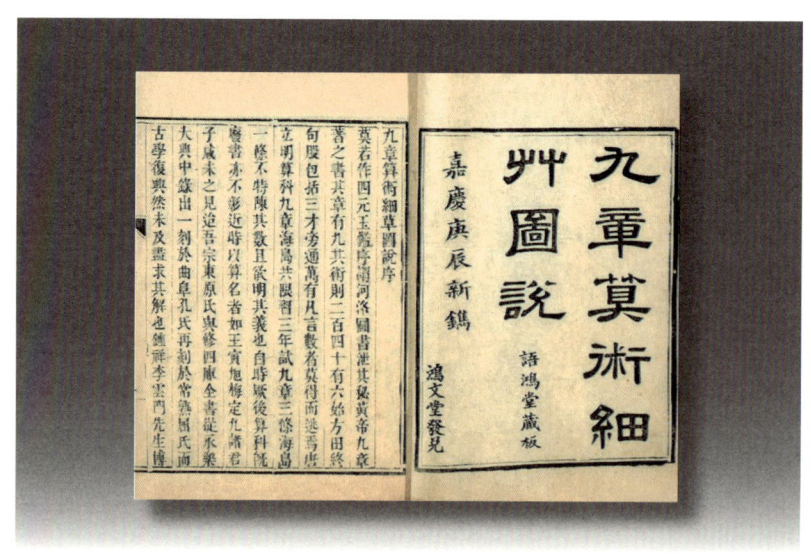

祖冲之
429～500

一步精确推算圆周率有着重要的启发作用。祖冲之在任娄县县令的时候，处理好地方政务之余，就潜心研究，计算圆周率。他在刘徽的研究基础上，运用"割圆术"把圆周切割得更细，从正192边形精细到正384边形、正768边形、正1536边形、正3072边形、正6144边形、正12288边形，最终使得圆周率的数值精确到小数点后7位，即3.1415926和3.1415927之间。

　　要知道，在祖冲之的时代，这些精细的几何图形分割工作和数学计算，完全是靠手工画图，摆弄大大小小的数筹（中国古代用来表示数量的小竹筹）来进行的，其中的艰辛和汗水，不言而喻。多年艰苦卓绝的研究，使祖冲之登上了一座数学高峰。他精确的计算结果，在世界数学史

祖冲之使圆周率的数值精确到小数点后7位，即3.1415926和3.1415927之间

上一直保持领先地位，在以后一千多年的时间里都无人能够超越。

祖冲之还曾把自己在数学方面的研究心得和研究成果形诸文字，这就是《缀术》。此书在后世影响深远，成为中国古代数学教育中最为重要的基本典籍。唐高宗显庆元年（656），国子监增设了算学馆，明确规定，祖冲之所著的《缀术》为必读书目，学习时限定为4年，是算学馆中修习时限最长的课程。后来，《缀术》还流传到了朝鲜、日本，在这两个国家也受到了高度重视，两国在教育制度中也明确了《缀术》的核心地位。如朝鲜在神文王二年（682）设国学算学博士和助教若干名，把中国古代算书《九章算术》和祖冲之的《缀术》等数学典籍教授给学生。

祖冲之在数学上的造诣，也使得他在天文历方面取得了卓越的成绩。经过长期的观测和研究计算，祖冲之对当时盛行的官方历法、著名天文学家何承天的《元嘉历》提出了质疑，并且编订了《大明历》。

南朝宋孝武帝大明六年（462），祖冲之上表朝廷，请求朝廷讨论他所编订的新历法，但是遭到了朝廷重臣的一致反对。我们不妨根据历史文献的记载，来复原一下当时辩论的场景。何承天是当时天文历算的权威，他的《元嘉历》怎容得下一位后生置喙，更不要说质疑了。于是反对的声音铺天盖地袭来，不外乎就是"古人制章"，"万世不易"，祖冲之被说成是"妄可穿凿"的"凡夫浅虑者"，甚至被贴上"诬天背经"的标签。但是面对以太子旅贲中郎将戴法兴为首的朝廷权臣的种种责难和权势压迫，祖冲之没有任何惧色，反而掷地有声地说下了这样的话：那些以势压人的"浮辞虚贬，窃非所惧"，我更"愿闻显据，以核理实"。这些振聋发聩的话语都见之于祖冲之所写的反驳文章《辨戴法兴难新历》。在文章中，祖冲之坚持认为，科学研究绝不应该"虚推古人"而"信古疑今"，日月星辰的运行"非出神怪，有形可检，有数可推"，《大明历》是否科学，是应该用认真细密的观测、计算、研究，最终以证据和计算结果来判定的。

祖冲之在论辩过程中，始终以科学数据和观测结果为依据，与戴法兴等权贵进行理直气壮的辩论。戴法兴最终哑口无言，无言以对，竟然蛮横无理地说："即便新历法再好，也绝不能用。"许多朝廷大臣虽然都意识到祖冲之编订的《大明历》远优于现行的《元嘉历》，但是他们畏惧戴法兴的权势，不敢公开支持祖冲之，只有书舍人巢尚之"是冲之之术，执据宜用"，即明确表示祖冲之的历法有理有据，应该加以推行。在辩论之后，宋孝武帝被打动，打算在大明九年（465）开始推行《大明历》，但是就在大明八年，宋孝武帝死了，随后刘宋统治集团内乱不断，施行祖冲之《大明历》的事就一直被搁置。后来，在祖冲之儿子祖暅的再三提请下，天监八年（509），梁武帝指派学者道秀等人对《元嘉历》和《大明历》进行对比研究，经过几个月的实测，证明了《大明历》确实要比《元嘉历》精确。《大明历》终于在梁武帝天监九年（510）被朝廷正式采用，此时已距祖冲之去世整整十年了。

祖冲之所编订的《大明历》，是当时世界上最为精密的历法。它在中国科学史上第一次将岁差引进了历法之中；采用了391年加144个闰月的新闰周；首次精密测出交点月日数为27.21223，回归年日数为365.2428等数据，还发明了用圭表测量冬至前后若干天的正午太阳影长以定冬至时刻的方法。

在刘宋王朝的后期，祖冲之在首都建康（今江苏南京）担任谒者仆射之职。从此时开始，他集中精力研究机械制造和发明。他看到老百姓用人力来舂米、磨粉，很是费力辛苦，就一直想发明一种工具来减轻百姓的劳动强度。经过观察研究，他发明了用水力推动石磨加工粮食的水碓磨。在水力的带动下，一个连机碓同时可以带动多个石杵一起一落地舂米，同时还可以带动多个石磨磨粉。祖冲之的这项发明改进，不仅减轻了

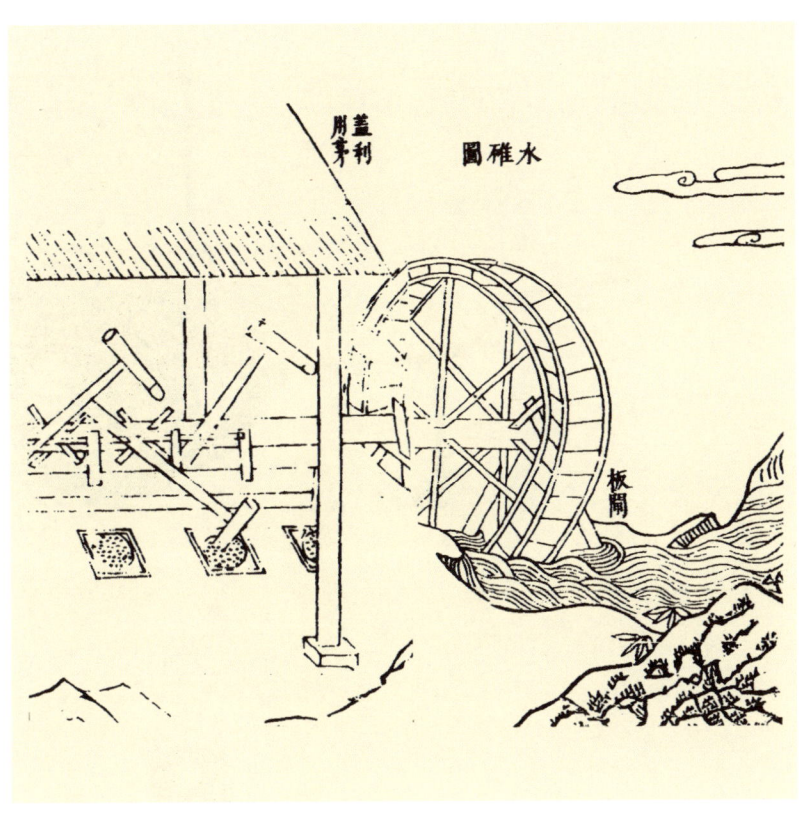

老百姓的劳动负担，更大大地提高了生产效率。直到今天，水碓磨这种粮食加工工具，还在南方的一些农村地区发挥着重要的作用。

很早以前，先民就发现了磁石具有指南的特性。相传在远古时代，黄帝对蚩尤作战，就曾使用过指南车来辨别方向。而在历史文献的记载中，战国时期应该就有了司南车，《鬼谷子·谋篇》中就曾说道："故郑人之取玉也，载司南之车，为其不惑也。"所谓"司南之车"，也就是后来俗称的"指南车"。指南车是利用磁石的特性来指示方向的车子。指南车

上有个小木人，不管怎样转弯掉头，它伸开的手臂始终指向南方，但是这种车子的结构如何，怎样制作，因为文献记载过于简略，一直不得而知。三国时期的发明家马钧曾复制成功过指南车，但后来因为两晋时期的战乱而失传了。北朝的统治者石虎、姚兴都先后命令属下制造指南车，但只造出了空架子，只好作为军队或是仪仗队里的装饰点缀。

到了南齐，齐高帝萧道成命令祖冲之仿制指南车。祖冲之在认真研究、计算和模型设计之后，绘制出一套完整的铸造图纸，让铜匠照图铸造每一个零件，最后精心组装成全铜打造的指南车。与此同时，北朝有一位匠人索驭骥，也制成了一辆指南车，听说祖冲之造出了指南车，心有不服，提出要和他比试。比赛的地点设在南齐的皇家园林"乐游苑"中，齐高帝萧道成派大臣王僧虔、刘休两人去试验。结果祖冲之的指南车构造精巧，运转灵活，"圆转不穷，而司方如一"，无论车子如何行进，小木人的手始终指向南方；而索驭骥的车子不仅指南的精确度不够，而且洋相百出。最终，索氏一怒之下，把自己所造的指南车"毁焚之"。这件事情被《南齐书》和《南史》的《祖冲之传》详细地记录了下来，一直流传至今。

在历史文献记载中，祖冲之还发明制造了"欹器"以及利用水力前行的"千里船"等，虽然我们今天已经很难再见到这些物件，但这一切都足以说明祖冲之是一位博学多能、善于思考和创造的科学大师。

祖冲之在科学史上的成就，不仅属于苏州人、中国人，更属于全人类。为了纪念祖冲之在数学、天文历法等方面所做出的伟大贡献，1967年，国际天文学家联合会把月球上的一座环形山命名为"祖冲之环形山"，将小行星1888命名为"祖冲之星"。那么，让每一个生活在苏州的人，乃至每一个中国人都记住这个重要的日子吧——

3月14日——祖冲之纪念日。

農學百科

明代書生黃省曾因
爾雅而研究名物寫
下了稻品蠶經魚經
等著作是中國古代
成就極高的農學家
和博物學家

黄省曾:"名""实"结合,研农博物

　　"不学《诗》,无以言。"在孔子的眼中,作为儒家经典的《诗经》,其功能似乎还远不止于此,它更带有百科、博物知识的教育功能。孔子就曾说过,读《诗》,可以"多识于鸟兽草木之名"。《诗经》如此,儒家十三经中的另一本《尔雅》亦有这样的作用和功能。《尔雅》本是一部学习古代典籍必备的语文工具书,就其内容而言,除了专门解释字义、词义的《释诂》《释言》《释训》之外,还有更多的内容是对人事和生活用器、天文、地理、动物、植物进行全面的解说,诸如《释亲》《释宫》《释器》《释乐》《释天》《释地》《释丘》《释山》《释水》《释鸟》《释兽》《释畜》《释虫》《释鱼》《释草》《释木》等。因此,这本包罗万象的辞书,就兼具了百科、博物全书的性质。在古代历史上,就有这样一些人,他们或因精研《诗经》,或是精研《尔雅》,逐渐走上了百科、博物之学。明代苏州人黄省曾就是这样的一位奇人大师。

　　黄省曾(1522—1566),字勉之,号五岳山人,江苏吴县(今苏州)人。幼年黄省曾喜爱古文辞,对《尔雅》颇有研究。在数次科举失利之后,他决意放弃仕途,转而专注于诗词、绘画等艺术领域。

　　在长年的《尔雅》研究中,黄省曾对草木虫鱼、稼穑禾苗这一类的名物知识表现出浓厚的兴趣,但是他又不满足于像一般的儒生那样,一

右图：「际天而行」，语出黄省曾著《西洋朝贡典录》：「维绡挂席，际天而行」

左图：黄省曾像

味地钻故纸堆，皓首穷经，旁征博引，最终赢得博学之美誉。黄省曾自言"好谭经济"，古人所谓的"经济"是指经世济民之术，与我们今天的概念存在着很大的不同。正是在这一学术理念的引领下，黄省曾开始对家乡的稻米果蔬等各种农作物生产，以及极具江南地域特色的种桑养蚕、渔猎活动进行了长期而系统的研究，撰写了《农圃四书》（其中包括《稻品》一卷、《蚕经》一卷、《种鱼经》一卷、《艺菊书》一卷）以及《芋经》一卷、《兽经》一卷、《西洋朝贡典录》三卷等多部名垂后世的农学、博物学著作，黄省曾也因此得以跻身中国古代最有成就的农学家和博物学家行列。

明代弘治年间，苏州士绅吴宽、都穆等人发起纂修《姑苏志》，后因故未及完成。后来，广东人林世远任苏州知府，就将修府志这件事情交由王鏊负责。当时祝允明、文徵明等都参与，大家共相讨论，发凡举例，经过八个月的努力，终于编成了《姑苏志》。对苏州地区农产品有着专深研究的黄省曾觉得《姑苏志》中的《土产》部分尚不完善，于是就在此基础上进行修订增补，写作了一部全新的著作《理生玉镜稻品》（简称《稻品》），这是中国古代科技史上现存最早的一部水稻品种专志。

既然是对苏州府志的补充，黄省曾记载的水稻品种自然以苏州地区为主，同时也关注到长江中下游的其他地区，甚至浙、闽地区。书中记载了毗陵（今江苏常州）、太平（今安徽当涂）、松江（今上海松江）、浙江湖州、四明（今浙江宁波）以及福建等多地的水稻品种，其中有不少是明代的优良品种。如在江南地区一直受人追捧的香稻米，黄省曾根据史料进行考证，认为三国时期的江南地区就已经开始了香稻米的栽培，并引陆龟蒙《别墅怀归》诗中对红莲稻的歌咏"遥为晚花吟白菊，近炊香稻识红莲"，来证明江南地区的香稻生产在唐代就很普遍。黄省曾在书中还记载了明代苏州地区的一些优良的香稻品种，如："粒小、色斑"的"香秔"，只要在锅中投入三五十粒和其他谷物一起煮，米味就"芬

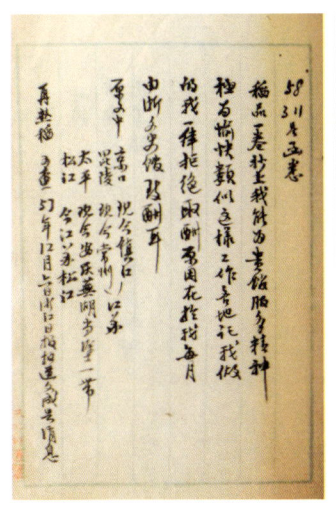
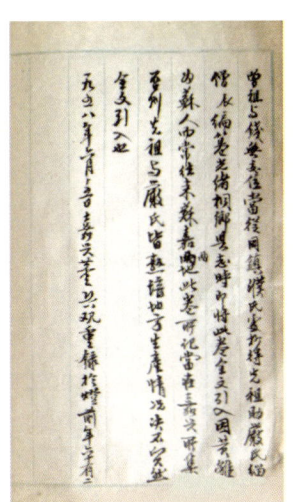

右图：南宋·佚名绘《落花游鱼图卷》局部

左图：黄省曾撰《养鱼经》书影

芳馨美"；还有一种香米，叫"箭子"，"其粒细长而白，味甘而香"，是稻米中的上品。此外还记载了一种抗风的品种"铁秆稻"，在生长期内遇到大风，能够"秆挺而不仆"，还有高产的"三穗干"，每一穗可产稻谷三百多粒。

除了记载水稻不同品种的名称，黄省曾还对水稻种子的籽粒、质地、外形、稃芒、株秆，以及水稻在种植过程中的抗逆性、产量、品质等诸多问题，进行了细致观察，详细地记载、研究了每个品种的性状。在长期的田野观察中，黄省曾还特意记录了一些主要品种的生长过程，从育秧到收获，无不详尽其事。

除了稻米之外，对苏州地区其他的农产品以及农业生产活动，黄省曾也表现出极大的兴趣。他撰写的《鱼经》《蚕经》《芋经》都在中国农学史上具有很重要的地位。

《鱼经》是一部关于养鱼的专书，书中介绍了江河湖海中的多个鱼

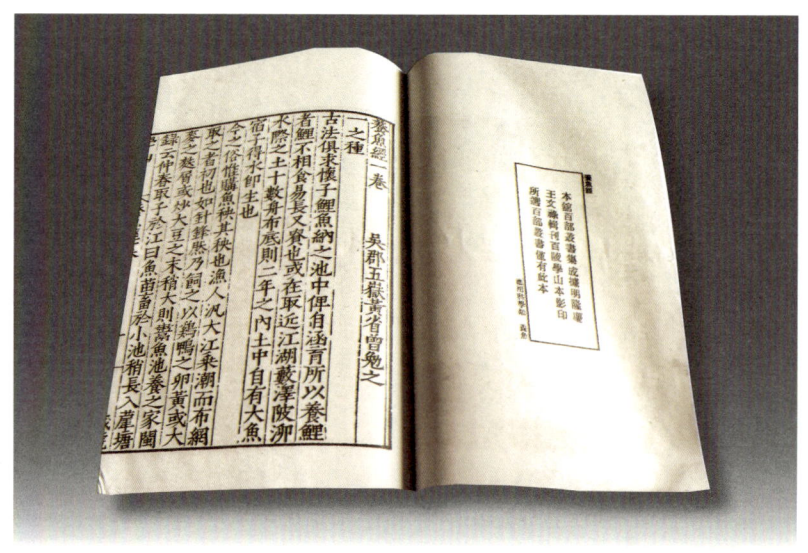

类品种，其中既有鲫鱼（鲋鱼）、鳟鱼、草鱼（鲩鱼）、白鲢、鳊鱼（鲂鱼）等常见的品种，也不乏地方特产或是珍稀的品种，诸如鲟鱼、鳇鱼、松江四鳃鲈鱼、白鱼、银鱼、鲥鱼、刀鱼、河豚等。尤其可贵的是，黄省曾在实地调查和勘访的基础上，全面、系统地介绍了一些鱼类的繁殖、喂食等人工养殖的技术和方法，从产卵孵化、取苗（秧）池养，到分池喂养，都有详细的记载。连鱼池的开挖、鱼塘周边的环境、喂养的食物以及每日投食的次数、如何定时定量，都有非常详细的介绍。特别值得注意的是对鲻鱼人工养殖的记载。鲻鱼是一种海洋鱼类，生活在海水和河水交界处。每年春季涨潮的时候，鲻鱼就会随着潮水洄游到长江中产卵孵化。长江入海口的松江人就懂得人工繁育、养殖鲻鱼。他们先在江滩上开挖深潭或池子，捕捉江水漫过后留在潭池中的小的鲻鱼苗，然后放入池中进行人工养殖，到秋季，鲻鱼就能长到一尺左右长。这是中国古代农学史上对海鱼淡水养殖的最早记载，这一记载，足以证明在明代的时候，我国的海产养殖技术已经较为发达。

黄省曾的《蚕经》作为一本全面记录苏杭种桑、养蚕的专书，更是以艺桑、宫宇、器具、种连、育饲、登蔟、择茧、缲拍、戒宜等九个篇章，对蚕业生产的每个环节进行了逐一的整理记载。从桑树的品种、桑树的嫁接、桑园管理、桑树虫害防治，到蚕室环境的要求与处置，再到蚕种的选育、蚕上蔟、结茧，直至最后的择茧、缲丝，每个环节都详细道尽其中的操作方法及原委。

黄省曾所作的《芋经》，则是古代农学史上第一部，也是唯一的关于种植芋的专著。书中既有实践经验的总结，也有许多引经据典的地方，被黄省曾援引的古籍就有《说文解字》《广雅》《广志》等多种。

黄省曾所著《西洋朝贡典录》，又是一部非常奇特的书籍，它专门记载西洋地理。随着明代国力的增强，特别是自郑和下西洋后，中国与许多海外国家逐渐建立起外贸上的联系。出于一种责任感和使命感，黄省曾觉得必须要对这些海外地区的地理、气候、物产等进行详细的记录、整理，以方便后来的航海者。于是，黄省曾便开始走访前辈父老，搜集郑和下西洋时随员的著作，诸如《星槎胜览》《瀛涯胜览》《针位》等，再进行文献等核查、考证，最终写出《西洋朝贡典录》一书。这部书籍对于研究明初远洋交通具有重要的史料价值，它不仅记载了郑和下西洋时途经各国的地理位置、山川、风土人情以及物产、朝贡等情况，更明确标示了沿途各国的行程航道、风云气候、海流情况、潮汐涨退、礁岩分布以及停泊码头的深浅等。

作为一名传统的士大夫，黄省曾在研习《尔雅》、钻研训诂的过程中，注意到了"名"与"实"、"名"和"品"的结合，最终走上了书斋与田间地头相结合的研究路子。正是这一实证研究的方法和路径，无意间造就了中国古代学术史上的一位奇人：精通农事和博物之学的文人士大夫——黄省曾。

學究天人

清初遺民學者王
錫闡是一位愛國
科學家學貫東西
對天文歷法有巨
大貢獻

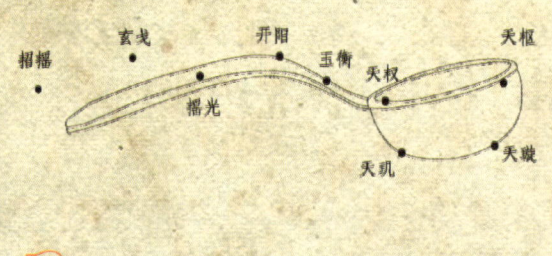

王锡阐："学究天人"，维护正统

"学究天人，确乎不拔"，这是明末清初著名思想家顾炎武在《广师》一文中对本郡天文学家王锡阐所做的评价。在中国历史上，顾炎武与黄宗羲、王夫之被尊为"明末三大儒"，他学问渊博，对于国家的典章制度、郡邑掌故、天文历算、河渠兵农，以及经史百家、音韵训诂之学，无不精通，被誉为清代学术的开山鼻祖。能够被顾炎武看重，并被如此盛赞，王锡阐绝对不是等闲之辈。

王锡阐（1628—1682），字寅旭，又字昭冥（兆敏），号晓庵，自号天同一生。明崇祯元年（1628）出生于吴江震泽古镇的一个普通农户家。少年时代的王锡阐"家贫，少时不能多得书"（丁子复《王锡阐传》），但王锡阐却勤奋异常，艰苦力学，虽然没有师授，但在学业上却往往能自通大义，尤其在天文历算方面，他表现出极为浓厚的兴趣。

少年时代的王锡阐悉心于学业，少与外界交往，甚至可以说基本处于一种与世隔绝的状态。从他的《贻薛仪甫书》中可知，自崇祯十二年（1639）起，年仅十一岁的王锡阐便开始了"闭户绝人事者二十年"的寂寞蛰居生活。在这期间，所"交知最寡"，除却"一二素心人外"，对旁人连名刺都不敢妄投。

王锡阐坚持二十多年足不出户，"闭户绝人事"，既有潜心学问的

原因，但还有一个重要的历史背景绝对不能忽略，那就是在他十七岁那年，明王朝灭亡，这对他的影响甚大。听到明朝灭亡的消息之后，少年王锡阐悲痛万分，曾多次求死殉国未成。在一次投河遇救之后，他又绝食七天，在《绝粮诗》中这样自抒其志：“甑釜尘生岂足悲，还夸参宪是吾师。吟成唯得妻孥愠，节苦尝令兄弟嗤。启颊人休防乞贷，支颐我巴拙言辞。动心忍往今朝事，穷达将来敢预期！”在父母的苦苦劝慰之下，王锡阐终不得死。但自此之后，他就绝意于科举仕途，与江南的遗民志士走到一起，成为其中的重要的一员。特别值得一提的是，在顺治七年

日晷是古代计时工具。当日影投射在一个标有时刻的平面上，太阳移动时，影子所指示的时间也跟着变动

（1650），王锡阐和顾炎武等人一起，在吴江组建了惊隐诗社，他们相约发誓："以故国遗民，绝意仕进，相与遁迹林泉，优游文酒，芒鞋箬笠，时往来于五湖三泖之间。"

王锡阐所说的"一二素心人"中，名气最大的莫过于昆山顾炎武。顾炎武长王锡阐十五岁，但对王锡阐的为人、学问都极为钦佩。在《广师》一文中，顾炎武认为有十个朋友的学问超过自己，王锡阐的名字就赫然在目。顾炎武在文章中说王锡阐"学究天人，确乎不拔"，又言"吾不如王寅旭"。他还时常在诗作中表达自己与王锡阐的深厚情谊，其所作《太原寄王高士锡阐》一诗中就有曰："知交尽四海，岂必无英彦？贵此金石情，出处同一贯。"

在明清易代之际，拒不仕清，隐居治学，是遗民中普遍的风气，王锡阐也不例外。只要看看他所写的带有寓言性质的自传《天同一生传》，就可以感受到他的风骨。"天同一生者，帝休氏之民也。治《诗》《易》《春秋》，明律历象数。……帝休氏衰，乃隐处海曲。冬绤夏褐，日中未爨，意泊如也。惟好适野，怅然南望，辄至悲歔。"王锡阐在文中以"帝休氏衰"暗喻明王朝的覆亡；以"怅然南望"来抒写自己心系亡明的故国之思；而"隐处海曲"，则是王锡阐以潜心学术作为人生出处的自誓。由此可以感受到，王锡阐的研究领域多少与这种遗民的思想情怀有着某种关联。

清政府统治天下以后，一项重要的工作就是编制新历法，以代替明朝的旧历。明朝钦天监使用的是传统的《大统历》和元朝的《回回历》，而以多尔衮为代表的清朝统治者，以《大统历》在推算天文现象时存在误差为借口，启用了西洋传教士汤若望，委任他主持钦天监的工作，并在全国范围内推行"西洋新法"，就是清代有名的《时宪历》。此后的康熙皇帝，更是对西洋的天文、数学、历算推崇备至，不但自己热衷于学习

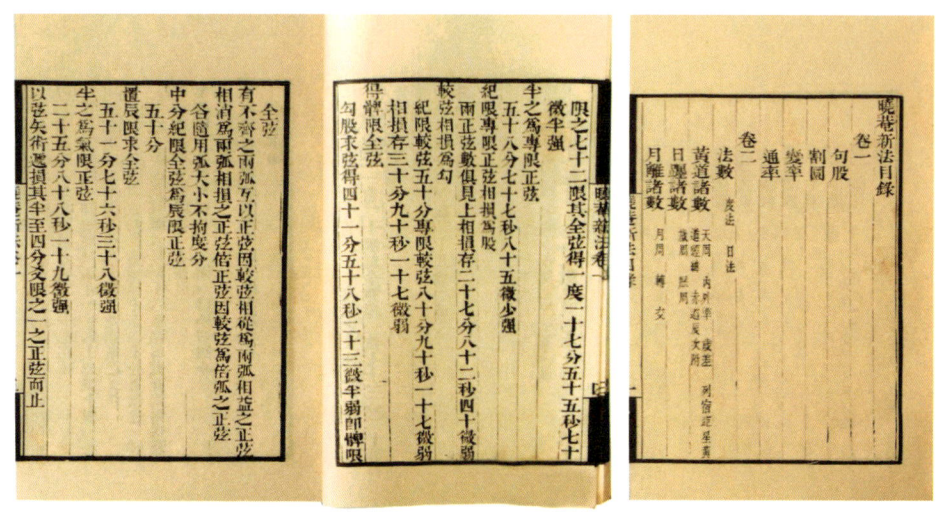

王锡阐天文学著作《晓庵新法》书影

西洋的学问，而且对待西洋传教士优渥至极，以致出现了汤若望之后，直到道光年间，清政府中央的钦天监官员都由西方传教士充当的现象。

在江南遗民学者看来，清人以"异族"入主中国，本已激起了他们心中由来已久的"华夷之辨"，现在又在历法的问题上采用西洋"外夷"之说，这岂不是"用夷变夏"吗？从感情上来说，他们是无论如何都不能接受的。作为有着强烈遗民情怀的天文学家，王锡阐对此又岂能置若罔闻呢？

在这样的时代背景和思想心境下，王锡阐内心涌动起一股强烈的"舍我其谁"的责任感和使命感，他在《历策》中说："旧法之屈于西学也，非法之不若也，以甄明法意者之无其人也。"王锡阐认为中国传统的天文历法受屈于西洋历法，并不是中国历法不如西洋的，实在是因为缺少真正能把中国传统学说进行系统而完整的甄辨、梳理的人。于是王锡阐下定决心，穷数十年的精力，"闭户绝人事"，进行长期艰苦的观测、计算,系统地研究对比中、西历法。

王锡阐不仅深谙中国传统的天文、历学,对西方的学说也很精通,可谓"学贯东西"。他的学养和研究水平,深得同时代另一位大名鼎鼎的天文学家、数学家梅文鼎的青睐。一直以来,梅文鼎都以未曾与王锡阐会晤为人生最大的憾事,对这位造诣精深的民间同行学者,梅文鼎曾给予了极高的评价:"历学至今大盛,而其能知西法复自成家者,独北海薛仪甫(薛凤祚)、嘉禾王寅旭(王锡阐)两家为盛。"

在研究中,王锡阐发现并指出了西洋新法的许多不足和失误,所以他的一个重要观点就是:"西法未必善,中法未必不善。"与那些全盘照搬西法者,以及盲目排外者相比,这个观点更有可取之处。他在承认西法"测候精详"的同时,更多地指摘西法的失误,他在《晓庵新法》中罗列

三辰晷由王锡阐独立发明,就是将利用日、月、星辰光影方位测量时刻的日晷、月晷和星晷组合起来的仪器

天体仪，也叫浑象仪，模拟天体的周日视运动，将天体的黄道、赤道和地平坐标相互换算

并批评了西洋天文、历法之学十大问题：回归年长度变化、岁差、月亮及行星的拱线进动、日月视直径、白道、日月视差、交食半影计算、交食时刻、五星小轮模型、水星金星公转周期。王锡阐对西洋天文学的这些批评意见，大多数是正确的，甚至不乏真知灼见。

但是问题在于，出于强烈的家国情感和所谓的"正统"意识，王锡阐在其天文历法的研究中，始终以维护中国历法为核心，所以他还有一个非常重要的观点，就是"西法源于中法"。他在《历策》中说："今者西历所矜胜者，不过数端，畴人子弟骇于创闻，学士大夫喜其瑰异，互相夸耀，以为古所未有。孰知此数端者，悉具旧法之中，而非彼所独得乎！"在面对中国传统天文历法的问题和缺陷时，王锡阐则多避而不谈，甚至还经常为中法进行辩护，其中有些辩护就未必正确，多少带着意气用事。比如他坚持认为中国古代将周天划分为 365.1 度的传统方法要比西

浑仪，测量天体位置的仪器

方的360度更好。

　　虽然，王锡阐在感情上不喜欢西洋新法，但是作为一位伟大的天文学家，他在大的方向上还是能够做到尊重科学，并不完全排斥西法，能兼采中西文化，对西方天文观测、天文研究方面的技术性成果，加以借鉴、吸收，这些在他的天文学著作《晓庵新法》中得到了淋漓尽致的展现。比如，王锡阐在计算中就采用了西方的三角学知识。

　　在天文研究中，王锡阐受到条件的限制，既不可能有高精度的观测仪器，也不可能有足够的人力、物力支持，但他还是孜孜以求，以观测勤勉而著称。对于天文观测，王锡阐有着自己独到的见解："一器而使两人测之，所见必殊，则其心目不能一也；一人而用两器测之，所见必殊，则其工巧不能齐也。"（王锡阐《测日小记序》）很显然，王锡阐已经非常清楚地认识到观测仪器本身存在的误差（"工巧不齐"），以及因观测者不同所造成的人为误差（"心目不一"）。

王锡阐还在他所著的《五星行度解》中讨论了"水内行星"的问题，并以此来解释"太阳黑子"的现象，这是中国历史上最早明确提出的"水内行星"的猜测。

王锡阐以毕生的精力从事天文历法的研究，著作丰富，但他一生"为人孤介寡合，古衣冠，独行踽踽"（王锡阐自传《天同一生传》）。他的著作都用篆书写成，周围很少有人能够看识；再加上他贫病交加，

五块纪念王锡阐的书法碑刻

没有子女，著述的手稿随写随丢，无人能够帮他及时整理，因而，诸如简述西方天文学纲要的《西历启蒙》，讨论几何学原理的《圜解》，以及他为自制天文观测仪器所写的说明书《三辰晷志》，都没能流传后世。后来经过好友潘耒、徐善、沈眉寿、俞钟岳等人的搜集整理，方有五十多种得以存世，如《五星行度解》《历说》《历策》《日月左右旋问答》《推步交朔序》《测日小记序》《大统历法启蒙》《历表》这些，无一不是王锡阐一生心血的结晶。在诸多著作中，《晓庵新法》六卷是最全面、最系统地体现他天文学成就的力作，在中国古代科学史上有着举足轻重的地位。

王锡阐是一位来自民间的草根科学家，但他的科学成就受到了广泛的关注。康熙六十一年（1722），康熙御定的《历象考成》就采用了王锡阐的"月体光魄定向"的方法。乾隆三十七年（1772），《晓庵新法》因其卓特的学术地位，被收入《四库全书·子部·天文算法类》，不由得引起当时人的啧啧赞叹和无比羡慕："草泽之书，得以上备天禄石渠之藏，此真艺林之异数，学士之殊荣。"

王锡阐与梅文鼎同为清代天文学界"会通中西"的大师，故而清代著名学者阮元在《畴人传》一书中则将二人并列，视为清代历史上最伟大的天文学家，并给出这样的评价："王氏精而核，梅氏博而大。"直到今天，西方的科学界依然给予这位生活在三百多年前的苏州科学家高度重视，英国著名科学家李约瑟就在《中国科技史》中盛赞王锡阐说："这位天文学家是个有才华的人。"

以鏡為窗

清初光學制造大師孫
雲球通過學習西洋知
識和先進工藝改良制
鏡工藝降低成本使稀
罕昂貴的眼鏡走入尋
常百姓家

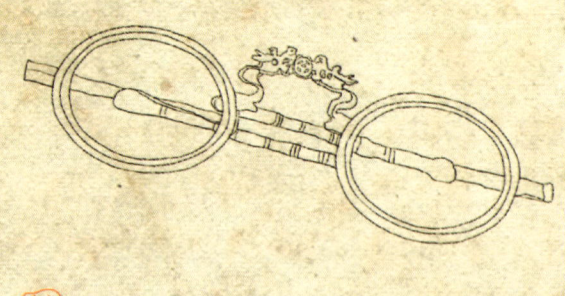

孙云球："以器为寄"，醉心光学

苏州评弹《三笑》中高度近视的"眯瞇眼"祝枝山这个人物形象，在苏州早已是深入人心。这位祝大爷时常看不清身边的东西，所以他手头常备有一样宝物——"叆叇"，老百姓俗称为"单照镜"。

"叆叇"两个字对于许多现代人来说绝对是生僻字，但在中国古代，它代表着先进的科学技术，也给许多视力疾病的患者带来了福音。明代人田艺蘅在《留青日札》中就专列一条《叆叇》，记载提学副使林公的这件宝物，说它"如大钱形，质薄而透明，如硝子石，如琉璃，色如云母，每看文章，目力昏倦，不辨细书，以此掩目，精神不散，笔画倍明。中用绫绢联之，缚于脑后。人皆不识，举以问余。余曰：此叆叇也"。原来这就是帮助视力模糊人士看清物体的工具，在今天是再常见不过的眼镜而已。根据文献记载，早在宋朝的时候，就有人尝试利用天然水晶来制造眼镜，达到纠正视力的目的，其名就叫"叆叇"。一直到明代，叆叇都还是珍贵的稀罕之物，所以祝枝山的"单照镜"就时常被老百姓作为茶余饭后的谈资。

到了明末清初，在苏州出现了一位著名的光学研究大家，他就是孙云球。孙云球在眼镜和各种光学仪器的研究和制造上达到了很高的水平，但他并没有借此大发其财，而是毫无保留地把自己在光学研究和仪

器制造方面的经验写成《镜史》一书，公之于众，"令市坊依法制造"，眼镜"遂盛行于世"（陆肇域、任兆麟《虎阜志》卷七《名贤》）。自此以后，眼镜成为百姓生活中的平常日用品，不再只是有钱人用得起的奢侈品，清初松江籍学者叶梦珠在其所著《阅世编》卷七中就说到了这一事实："眼镜，余幼时偶见高年者用之"，"每副值银四五两"，"非大有力者不能致也"，但是由于孙云球的无私奉献，"近来苏、杭人多制造之，遍地贩卖，人人可得，每副值银最贵者不过七八分，甚而四五分，直有二三分一副者，皆堪明目，一般用也"。正是因为这种无私的奉献精神，在传统观念中归属于"百工"行列的孙云球，被陆肇域、任兆麟列入《虎阜志》的"名贤"行列中。

孙云球（1628—1662），字文玉，一字泗滨，出生于吴江一个官宦世家，父亲孙志儒，曾担任福州知府、漳州知府。孙云球自幼跟随父母迁居苏州虎丘山麓，就在他十五岁前后，父亲因病去世。自此以后，孙氏家道中落，恰好又正值明王朝灭亡，清军南下，家计日益艰难，孙云球只得以采售山中的草药为生。

在极其艰苦的环境下，孙云球钻研西洋传入的新知，尤其是几何、算术、物理、测量等，这些对他的发明制造都产生了积极的效应，据《虎阜志·名贤传》说，孙云球"精于测量，凡有所制造，时人服其奇巧"。为了校准西洋传入的新鲜玩意儿"自鸣钟"，他曾制造了一种根据日影确定时刻的计时仪器——自然晷。实践证明，孙云球制作的自然晷"应时定刻，昼夜自旋，风雨晦明，不违分秒"，非常准确，为时人赏叹为"奇亦至矣"（文康裔《读〈镜史〉书后》）。但孙云球最大的成就还在于他的光学镜的研究和制作。

孙云球年轻的时候，为了学习眼镜的制作技术，专程赶到中国早期的眼镜制作中心杭州。在向制镜工匠学习技艺的同时，他还借鉴苏州传统的琢玉工艺，再结合自己的实践经验，逐渐掌握了一套较为成熟的"磨片对光"技术。他创造性地使用水晶作为眼镜制作的材料，并可以

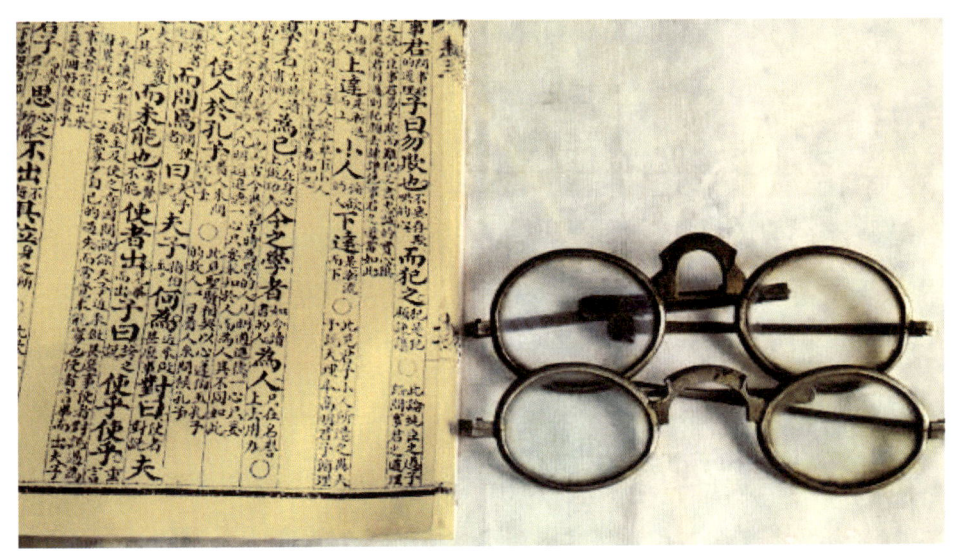

中国古代的眼镜是圆形，镶在龟壳做的镜框里，用铜制的眼镜脚卡在鬓角上，或用细绳子拴在耳朵上

根据眼疾患者的年龄大小、疾症轻重，进行随目配镜，成功磨制出各种不同规格、能满足各种需求的凹凸透镜。

在制作矫正老视和近视等视力问题的昏眼镜、近视镜的基础上，孙云球"启发则举一知三"（《镜史小引》），又不断进行新的尝试，制作出用途各异的光学镜，诸如保护眼睛和视力的"存目镜"，减少阳光对眼睛伤害、类似于今日墨镜的"夕阳镜"，可以身居暗室却能潜望室外一切情景的"摄光镜"，远视"十数里之内、千百步之外"的山川河海、树木村落"如在目前"的"千里镜"（望远镜），还有可以观察"极微细之物"，"视疥虫毛足毕现"的显微镜，甚至还制造出供人娱乐的"万花镜"以及"幻容镜"（即今天俗称的"哈哈镜"）。

孙云球高超的制镜技术，受到了江浙地区人们的广泛追捧，"闻者不惜出重价相购"。孙云球声名鹊起，前往苏州拜访他的人越来越多，也发生了很多有趣的故事。浙江天台的一位近视患者文康裔，慕孙云球之

名来到苏州，想亲自体验一下孙云球所制之镜的效果。在一个风和日丽的日子，孙云球就带着文康裔登上了附近的虎丘山，拿出自己制造的"千里镜"，让他远观苏州城市的全景。只见城中的所有楼台塔院，近在咫尺，"若招几席"，清晰可辨；至于城外的天平、灵岩、穹窿等远山，"峻嶒苍翠，万象毕见"，一派大好风光，看得文康裔惊喜过望，连连称赞为神技："神哉！技至此乎！"孙云球听后，并没有喜形于色，只是淡淡地说道："此未足以尽吾奇也。"随后拿出更多的光学仪器，一一展示给文康裔看。文氏看到"种种神明"的效果之后，连连惊叹"不可思议"。

有了这番亲身经历和体验，文康裔对孙云球钦佩不已，后来在为孙云球所著《镜史》作跋时，就把这个故事写到《读〈镜史〉书后》中，并在文中大赞孙云球是隐藏在民间的科学巨人和奇才："世有奇人，负奇才与识，不见知于世，退而展奇思，制奇器，靡不入妙要，亦知其灵心跃露，以器为寄焉耳。"

理蘊數精

清代學者李銳精
通數學和天文提
出調日法和方程
論并寫下中國數
學史上裏程碑式
的著作開方說

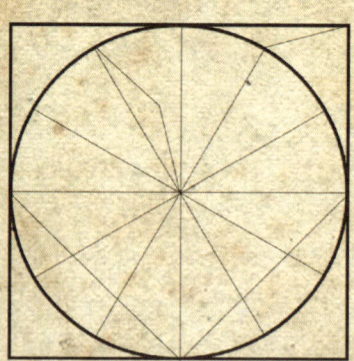

李锐："习数达理"，究极天算

乾隆五十四年（1789），苏州紫阳书院内，一位年已花甲的长者在书院的讲堂上对着一群年轻的学子娓娓论学："数为六艺之一，由艺以明道，儒者之学也。"这位长者就是乾嘉时期著名的大儒、紫阳书院的山长钱大昕，他正在向学生强调"数"作为儒家"六艺"之一的重要性。在众多的学生中，有一位名叫李锐的年轻人似乎心有所悟，微微地点了点头——先生的这段话语，深深地烙印在他的脑海中。

这位名叫李锐的年轻人，又名李向，字尚之，号四香，出生于乾隆三十三年（1769）。乾隆五十四年（1790），他正以元和（今苏州）县学生的资格在紫阳书院求学。据罗士琳《畴人传续》的记载，李锐自幼聪颖过人，曾在书塾中偶然读到《算法统宗》，"心通其义，遂为《九章》、八线之学"，对数学表现出极强的兴趣和天赋。所谓《九章》，就是指古代数学名著《九章算术》；八线，在中国古代数学中，包括三角函数之正弦、余弦、正切、余切、正割、余割六线及正矢、余矢二线。

无怪乎在紫阳书院求学的众多生员中，只有李锐对数学表现出非同寻常的敏感和悟性。两年以后，李锐从紫阳书院肄业，就开始跟随钱大昕专心学习数学——"先生始教以三角、八线、小轮、椭圆诸法"。随着学习的不断深入，李锐进而接触到中国古代数学的发展史，后来又在老

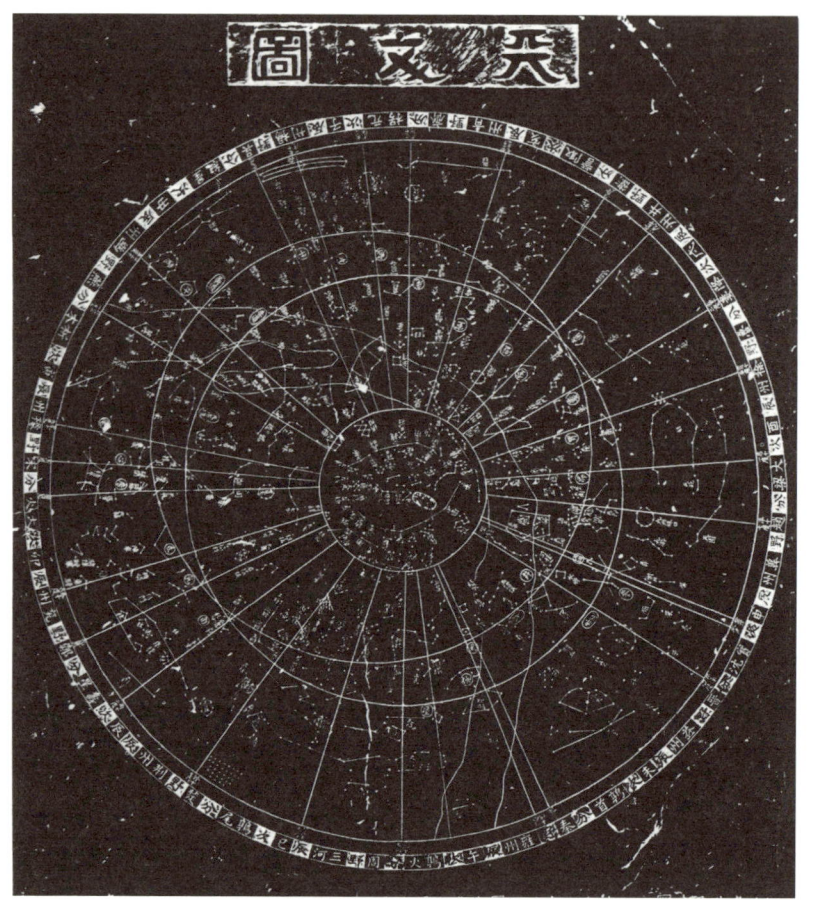

苏州石刻《天文图》

师的引荐下，开始了与扬州著名学者焦循的交游和论学。李锐对数学的
兴趣和热情与日俱增，他发现当时学界，特别是历算的研究者"习于数
而不达于理，囿于今而不通乎古"，实在是眼光浅陋，"卑无高论"，所以
数学家"虽复运算如飞，下子不误"，但其学问只能沦为形而下之学，"下
同于方技"而已。为了复兴儒家"由艺以明道"的实学传统，李锐发下了

宏愿，愿以毕生精力从事天文历算之学。

李锐走上天文、历算的研究之路，完全受到其师钱大昕以振兴儒家"实学"为己任这一重要思想的影响。李锐常说"历学诚致治之要，为政之本"，所以他曾不辞辛劳地用历法推算的方法来考订古代史书中重要历史事件的具体年代，诸如"武王伐纣""绝笔获麟"等。

在学术研究方法上，李锐也深受钱大昕为代表的乾嘉学风的影响。从李锐在天文、历法、数学等学科领域的研究途径和研究手段来看，很明显可以感受到乾嘉学人"实事求是"的"朴学"精神。他非常重视文献资料的搜集，凡是古代天文、数学方面的资料，"每得一书，其有历、数者必广搜博采"，然后再是细致精审的求证，经过反复的辨审考校，才最

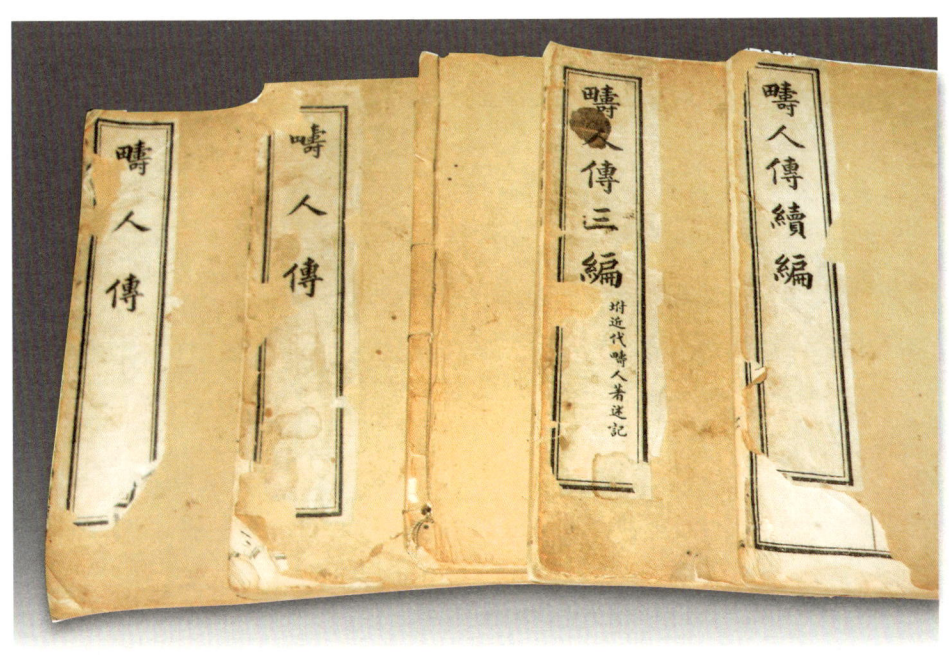

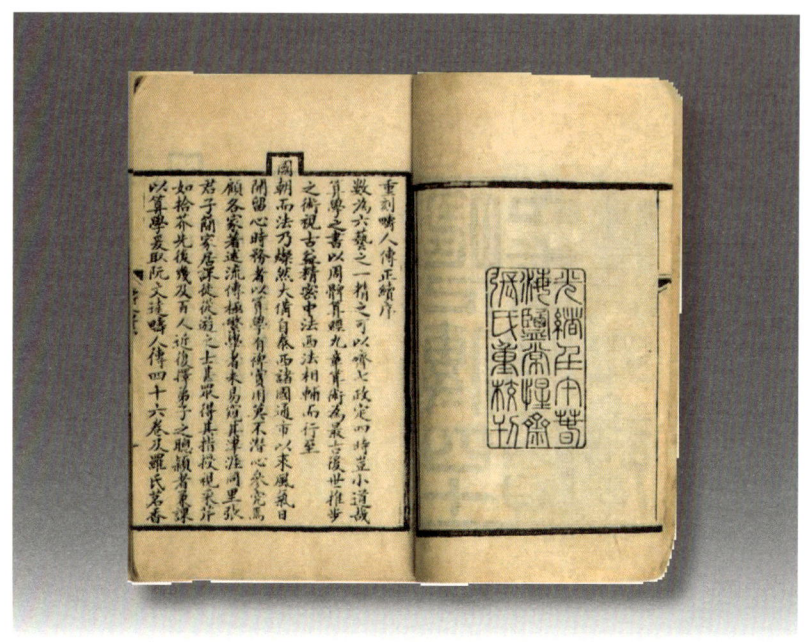

终得出精谨的结论和观点。因而，李锐在天文、历法、数学方面取得了巨大的成就，成为乾嘉时代在这些领域中影响最大的学者。他的老师钱大昕"生平未尝轻许人，独于锐则以为胜己"。时人将李锐和李潢并称为"南李北李"，而清代学者罗士琳的《畴人传续》把李锐与焦循、汪莱并称为"谈天三友"，在评价三人的成就及各自的得失时有曰：汪莱失之于执，焦循失之于平，只有李锐"兼二子之长，不执不平，于实事中匪特求是，尤复求精"。

李锐在数学、天文方面的学术成就，很快受到了当时学界、政坛的重量级人物阮元（1764—1849）的青睐。乾隆六十年（1795），阮元出任浙江学政，就开始在杭州筹划编纂中国历史上第一部中国天文学史、数学史巨著《畴人传》。在友人焦循的推荐下，阮元邀请年轻的李锐来杭州参与这部学术巨著的编纂。

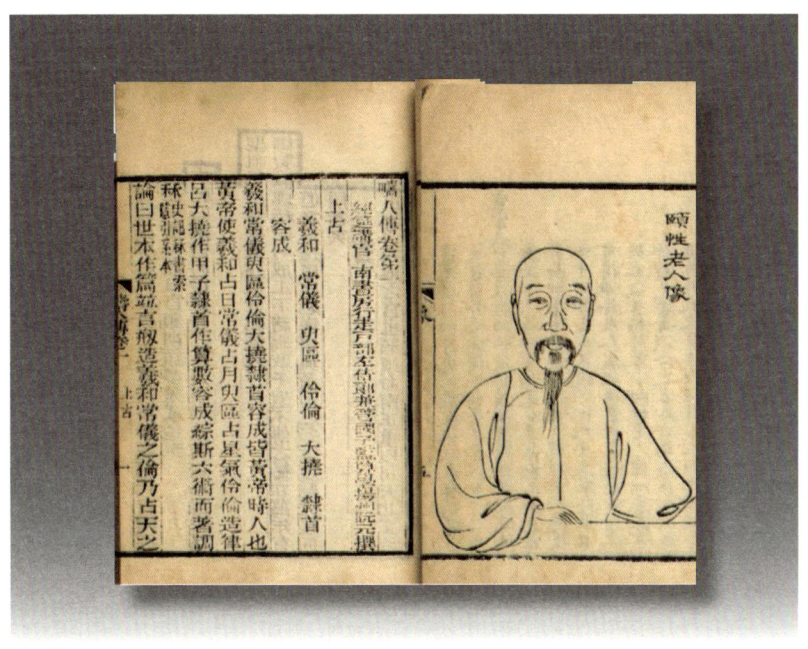

　　阮元在其所写的李锐传记《李君尚之传》中曾不止一次地说过，他本人"本昧于天算"，而李锐"深于天文算术，江以南第一人也"，在《畴人传》的整个编纂过程中，"君之力为多"。所以，阮元只是名义上的主编，李锐才是其中最为重要的主笔，这一点也在《畴人传·凡例》中说得极为清楚："元和学生李锐暨台州学生周治平力居多。"《畴人传》详尽而公允地叙录、评价了自上古以来，直到乾隆末年，一共三百一十六位（其中还有四十一名外国人）天文历法学家、算学家的学术成就，涉及的内容包罗万象，既有历代天文历法的推算资料、算学的方法和学说，还有各种论天的学说以及各种仪器的制度、制造工艺。这些无不需要编纂者有宏阔的知识视野和非凡的学识。

　　就在编纂《畴人传》的五年左右的时间里，李锐系统地阅读了大量的中国古代天文史、算学史文献，也接触到不少珍贵稀有的典籍，这为他后来的天文、算学研究奠定了非常坚实的基础。在此后的研究工作中，李锐除了继续系统整理、挖掘文献外，还积极探索，尝试运用科学的研究方法，在某些历史经典课题上推陈出新，繁衍出新的成果，其中在科学史上最为人们所称道的就是"调日法"和方程论。他的这些研究成果大多数都汇集于嘉庆年间刊刻的《李氏算学遗书》这一丛书之中，诸如《召诰日名考》《三统术注》《四分术注》《乾象术注》《奉元术注》《占天术注》《日法朔余强弱考》《方程新木草》《勾股算术细草》《弧矢算术细草》《开方说》等。此外，他还有未收录到丛书中的《测圆海镜细草》《海岛算经细草》《缉古算经细草》《补宋金六家术》《回回历元考》等。

李锐的一生贫病交加，他曾数次参加科举考试，但次次都名落孙山。为了谋生计，李锐不得不四处漂泊，出入各地的幕府，充当幕僚、宾客，微薄的薪俸供给家人的日常开销都时常捉襟见肘，至于购买研究所需的珍贵古籍资料和从事学术研究的各种费用，对李锐来说，完全就属奢望。但这一切都无法打消李锐对科学的热爱，他嗜书如命，买不起书，就从朋友处借书、抄书。所幸的是，李锐有一批志同道合的师友：钱大昕、阮元以及焦循、李潢、张敦仁、汪莱、凌廷堪、沈钦裴等，他们时时在一起进行交流，互通有无，相互切磋论学，共同推进学术的发展，而李锐则成为他们当中数学、天文领域的杰出代表。在物质条件这样艰难的情况下，李锐却能做到安贫乐道，乐在其中，这种坚卓刚毅的精神是世人应该继承的宝贵精神财富。

长期的困顿，让李锐的身体极度羸弱。到了嘉庆十九年（1814），李锐开始担心自己的身体，唯恐有生之年不能亲自为《开方说》一书定稿，就决定向弟子黎应南讲授《开方说》中的主要内容，希望日后若有意外，由弟子来完成自己未尽的心愿。嘉庆二十二年（1817），李锐终于支持不

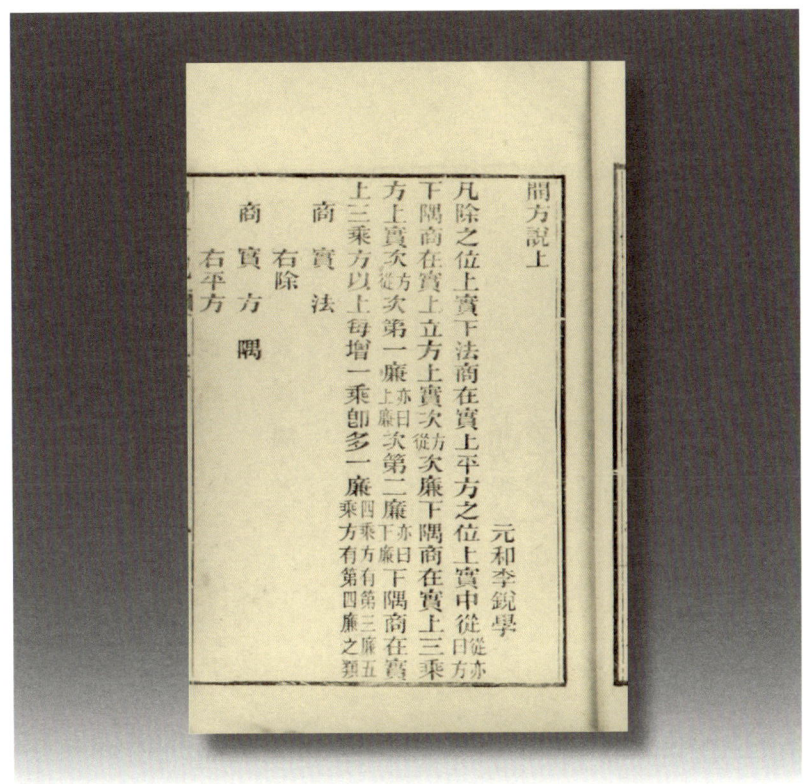

住，咯血而死。在弥留之际，他唯一牵念的就是《开方说》，他反复嘱托
黎应南要将尚未定稿的下卷写好。黎应南"谨遵先生遗命，依法推衍"，
终于在嘉庆二十四年（1819）将这部关于方程论的著作完成。

　　李锐的《开方说》是中国古代数学史上的一颗璀璨明珠，它对中国
古代传统数学研究窠臼的突破，具有里程碑式的意义。近代著名学者梁
启超在《清代学术概论》中总结清代数学的学术成就时这样说道："兹
学（指数学）中国发源甚古，而光大之实在清代，学者精研虚受，各有创
获。"在梁启超所列举的清代十一位在数学方面"尤专门者"中，李锐就
以其开创性的工作和成绩名列其中。

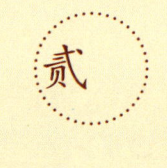

名医国手

——吴中医学甲天下

苏州地处长江中下游，河湖密布，吴人多湿热之症，历代奉行的"伤寒学说"并不适用。从元末明初昆山人王履的"温病不得混称伤寒"论开始，一代又一代的吴地医家，如吴有性、叶天士、薛雪、徐灵胎等，通过多年的临床观察和研究，逐渐创立了中国医学史上声名远扬的吴门"温病学说"，史称"吴门医派"，在老百姓口中，更有"吴中医学甲天下"的美誉。

溫病始祖

明末的吳有性首創瘟疫論和溫病學說奠定了吳門醫派的地位，他發明的以檳榔厚樸草果知母芍藥黃芩為主要原料的達原飲在非典期間發揮了極大作用

吴有性：勇于质疑，独开瘟病论

公元1628年，朱由检登上了明朝皇帝的宝座，他就是明代历史上最后一位皇帝——崇祯。自崇祯帝登基以来，明王朝所面对的不仅有政治、军事的动荡，更有连年不断的水旱灾害和瘟疫。当时整个社会民生凋敝至极，饿莩遍野，白骨露于途。苏州向来以土地肥沃、经济富庶、人口稠密而著称于世，但也从原先的二十三万户居民骤减为五万户。瘟疫在崇祯十五年（1642）达到顶峰，波及全国大部分地区，据吴有性的《瘟疫论》记载，当时的情况是"十户九死"，尤其是在河北、江苏、山东、浙江等地，形势十分危急。

吴有性（1582—1652），字又可，是苏州洞庭东山镇上的一名郎中，每天他都接诊无数的病患，但疫情依然在不断地蔓延，无数的生命死于痛苦之中。眼前一幕幕的人间惨象，让吴有性忧心忡忡，立志要寻找到瘟疫的源头、发病的机理和正确的治疗方法。当时，几乎所有的医家都是按照汉代医学家张仲景《伤寒杂病论》的原则和方法，来对瘟疫患者施救的，但是效果都不明显，甚至束手无策。

吴有性在查阅了大量医学典籍之后，结合自己的临床观察，反复"思现前事理"，认为四时寒温凉热之气乃"天地四时之常事，未必为疫"，而时下爆发的瘟疫"见于兵荒之岁"，应该是"感天地之戾气"所

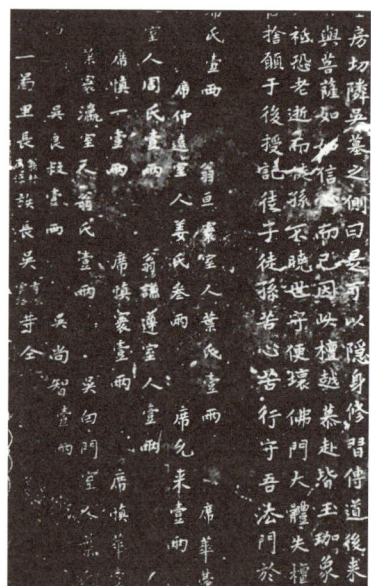

右图：《净志庵碑》，现存苏州吴中区东山镇，碑中有「族长吴有性」字样

左图：吴有性像

致。在吴有性看来，对于时疫绝不应该按照伤寒的治疗方法处理，他批评当时的医者只知道"妄引经论"，"徒记纸上文辞，以为依经傍注，坦然用之无疑"，而其结果必然是"误人甚众"，并在他后来的著作《瘟疫论》中，再次尖锐地批评了这种"守古法不合今病"的弊端。

因此，吴有性决定按照流民迁移行进的反方向去追溯瘟疫的发源地。崇祯十五年（1642），吴有性来到了陕西潼关。就在此时，名将孙传庭受朝廷之命，率领官兵清剿李自成领导的农民起义，但凶险的时疫给这位大将军出了一个极大的难题：潼关军营中也出现了疫情。吴有性的到来，让孙传庭喜出望外，立即命他处置军营中的疫病。吴有性把自己的观念和处置方法作了详细的说明：时下的疫病绝不是普通的受寒发热，而是由一种无形、无色、无味的"疠气"所造成的"温病"。这种呼吸系统疾病经过口、鼻传染，传染性极强，蔓延的速度极快，所以，针对眼下的疫情，绝对不可以按照时下通行的《伤寒论》等经方治疗，而应该根据患者病情的轻重和症状的异同，区别对待，进行隔离治疗，对症下药。

千百年以来，张仲景一直被人们尊为"医圣"，他的权威性是毋庸置疑的。孙传庭听到吴有性的方案竟然是对权威的完全颠覆，便认为吴有性只是一介江湖游医，以耸人听闻、标新立异之言骗取钱财而已。孙传庭依然按照张仲景《伤寒论》中的方法对疫病进行施治，而结果是残酷的，疫情非但没有得到控制，军营中因疫病而死亡的人数越来越多。

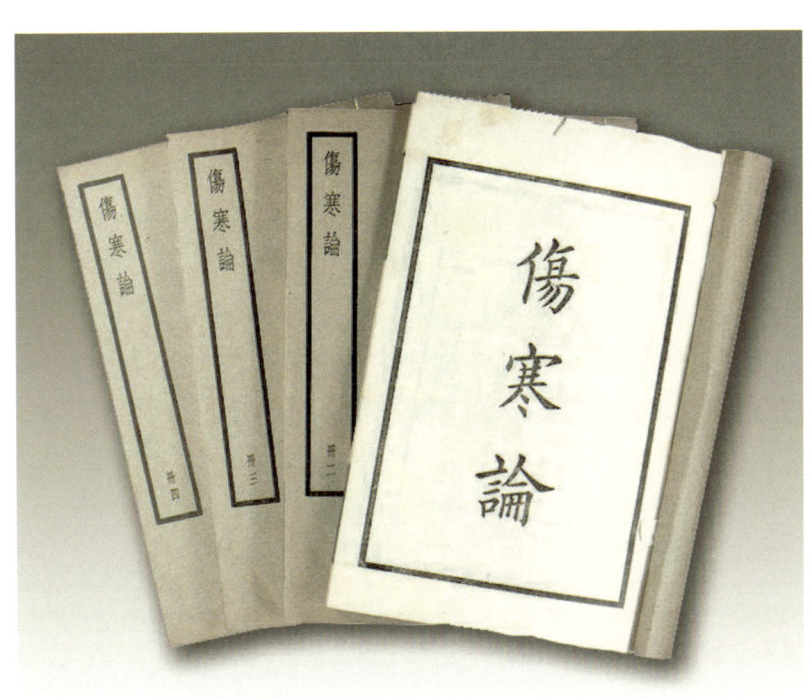

张仲景被尊为我国传统医学理论的奠基人之一，有「医圣」之称，他的医学著作《伤寒论》被古今医学界奉为经典

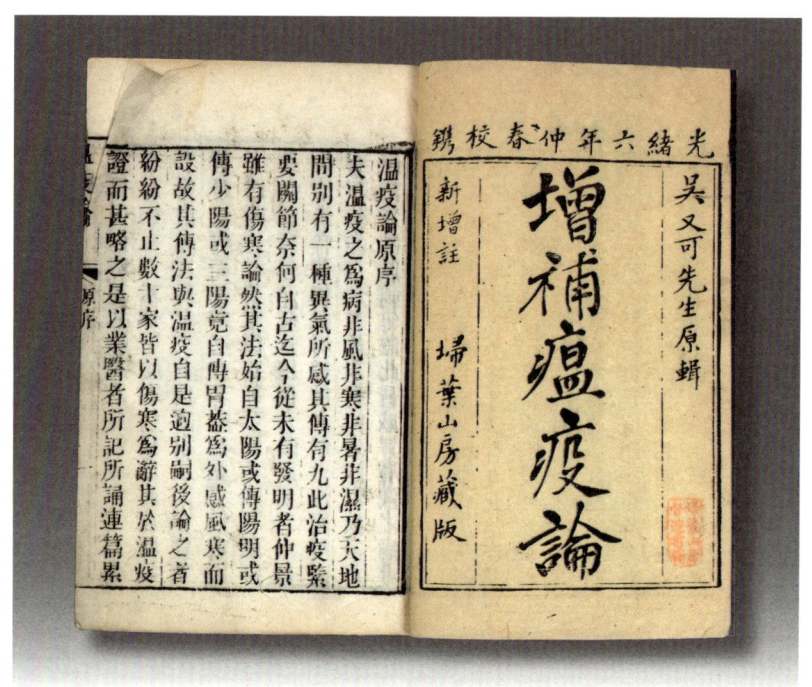

孙传庭始终不肯采用吴有性的治疗方案,但又担心他为起义军治病,便一直把他羁留在军队之中。在这样的处境下,吴有性心灰意冷,趁着孙传庭不备,他连夜逃离了潼关,回到了家乡苏州。

在苏州的日子里,吴有性一面为穷苦百姓治病,一面把自己对瘟病的研究成果形诸文字,终于在崇祯十五年(1642),完成了中医传世之作《瘟疫论》。

吴有性以毕生的精力诊治瘟疫,并把他所有的临床经验和体会,集中体现到《瘟疫论》中。书中记载了诸如鼠疫、白喉、天花、麻风、梅毒、肺结核、流行性脑炎等传染性疾病,在临床治疗的基础上,他大胆

切药、碾药、配药图 清人绘

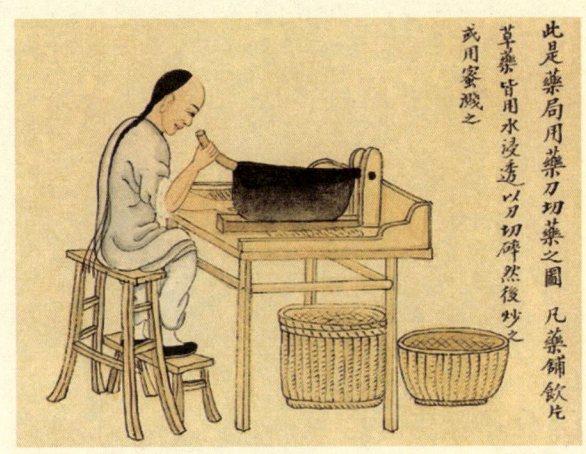

此是药局用药刀切药之图 凡药铺饮片草药皆用水浸透 以刀切碎然后炒之或用蜜浸之

此药局登铁轮乳药面之图

药碾子

罗药

此是药铺按原有或方平其药面之分量配合成散式以所配原面作各等丸药

地提出"疠气"致病的理论，在疫病流行的特点上他也已经注意到了散发性和大流行的区别和联系，同时还提出了一些合理的治疗原则和方法。吴有性所提出的传染病病原的观点，已被现代医学、微生物学所证实。《瘟疫论》是中医研究传染病学的开山之作，奠定了传染病治疗与控制的中医理论基础，无论在中国医学史上，还是在世界传染病学史上，这都是一个伟大的创举。由吴有性创立的瘟疫学说，比西方早了整整两百年。吴有性的《瘟疫论》刊刻之后，不断被重新刊刻出版，成为中医典籍中的经典，甚至在康熙年间传到日本，也成为日本医学界的经典。而另外一位苏州医学家叶天士继承了吴有性关于传染病"邪气侵犯"途径的理论，并在此基础上发扬光大，写出了《温热论》，由此宣告了温病学说理论体系的正式确立和吴中温病学派的诞生。

吴有性的故事还没有结束，2003年"非典"（SARS）大爆发的时候，吴有性《瘟疫论》中的一味方剂发挥了极大的作用。新加坡一位医生给中国卫生部发来传真，告知《瘟疫论》中的一个经方"达原饮"治疗非典有奇效。2013年由著名演员冯远征主演的电影《大明劫》上演，让更多的人知道了"达原饮"和苏州古代的医学大家吴有性。影片最后打出了这样的一段字幕："吴又可领先世界近两百年，开创性地提出了病毒学说及病毒的传播方式。崇祯十五年（1642），吴又可回到老家苏州东山，于1645年完成了不朽名著《瘟疫论》，从而奠定了中医治疗传染病的理论基础，书中所记经方'达原饮'用于治疗非典收到了奇效。"这又是一个祖国传统医学造福现代人的经典案例。

醫聖下凡

乾隆時期的名醫
葉天士天分極高
善治疑難雜癥如
在立秋日以梧桐
葉治難產等留下
了許多精彩傳說

叶天士:"天医星"下凡,采众家之长的时医

乾隆初年,江南一带发生瘟疫,感染患病者无数。带着强烈的求生愿望,许多苏州人纷纷涌向了山塘街渡僧桥下塘,他们都是冲着苏州名医叶天士的名声而来的。年逾花甲的叶天士每天要接待数不清的病患,渡僧桥下塘的家中可谓门庭若市。经过叶天士的诊治,服用了他所调配的方剂,很多病人的病情逐渐好转,甚至有的是从死亡的边缘被拉了回来,苏州城内的瘟疫也得到了很好的控制。苏州的百姓为了感激叶天士,纷纷称之为"天医星"。在中国古代,文采出众者通常被称为"文曲星",作为乾隆时期苏州地区最负盛名的名医,叶天士被誉为"天医星",是完全不为过的。

叶天士(1667—1746),名桂,字天士,号香岩,晚号上津老人,以字行世。叶天士出生于一个行医世家,他的祖父叶紫帆(一作叶子蕃),是清初苏州的名医,尤其擅长儿科,并且有着一颗仁爱济世之心。他治病不分贫富,唯以救活病患为第一要务。叶天士的父亲叶朝采,字阳生,以所治病症广泛而著称,一如其父紫帆先生那样轻财好施。叶天士自幼勤奋好学,深受祖父、父亲的影响,在诗书之余,就跟随他们学习医术。父亲去世以后,他就跟着父亲的门人朱某学医并应诊。叶天士禀赋极高,再加上后天勤奋努力,很快就成为苏州排得上号的名医。

在行医、诊治中，叶天士除了坚持传统医学望闻问切、辨证施治、草药针灸等传统，还善于创造一些独特的治疗手段和方法，时常有出奇的"料理"，有时甚至根本就不用药物，而大胆采用类似于现代医学中所说的物理治疗、心理治疗等诸多手段和方法。正是这些出奇的"料理"，治好了很多疑难杂症，使叶天士在苏州老百姓心目的地位越来越高。

在"天医星"的美誉和光环下，苏州坊间流传的叶天士诊治疑难杂症的传奇故事比比皆是，而且越来越多。其中就有这样两个关于产妇的故事。

先说第一例。话说在某个夏末初秋的时节，有一位产妇腹痛了一天一夜，依然不见婴儿出生。产妇疼痛难当，家人焦急万分，便去请神医叶天士。叶天士此时正与人在梧桐树下下棋，听了来人的陈述，不急不慢地看了看身边的梧桐树，捡起一片掉落的梧桐叶，关照来人道："你回去把这片梧桐叶洗干净，放在汤药中一起煎，让产妇喝下，小孩就会顺利地生下的。"来人将信将疑：许多大夫诊治，开了那么多的方子都没有用，一片梧桐叶能管事儿吗？但眼下也没有别的办法了，于是产妇的家人按照叶天士的吩咐，让产妇喝下了和着梧桐叶煎熬的汤药，很快孩子顺利地出生了，家人喜出望外。这一消息传出，苏州城里的许多郎中，但凡遇到难产的病例都依样画瓢，在汤药中加一片梧桐叶，然而却并不见效。有人就偷偷地向叶天士打听其中的原委，叶天士哈哈一笑，说道："我用梧桐叶治难产，是因为时当立秋之日。草药治病，当讲究因时制宜，不拘古法，灵活应用，现在大家不根据病情、时间，迷信于所谓的偏方、验方，那怎么行呢？"于是乎，苏州人纷纷感慨道，叶天士让苏州人真正明白了什么叫"一叶知秋"。

再说第二位产妇的故事。当时这位产妇已经是气息奄奄了，看到这一情况，叶天士搭了搭产妇的脉相，二话没说，直接拿出银针，就要向产妇的心口扎去。家人看此情景，不禁紧张万分，说："心口扎针，异常危

葉天士大医師像

乾隆壬寅六月
蓮巢居士潘恭壽

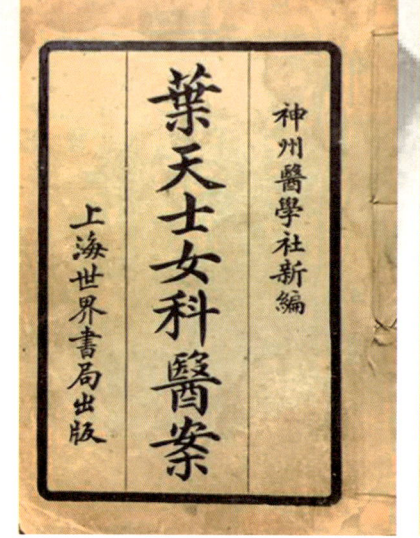
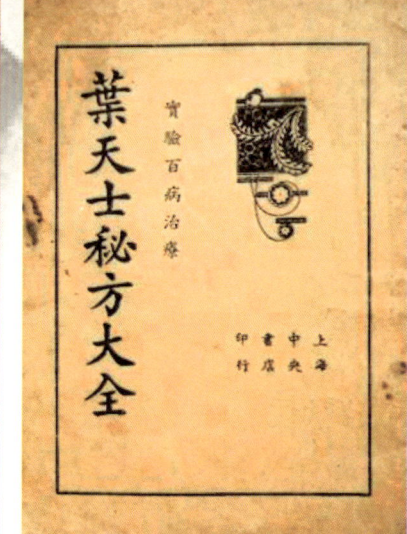

险，与医治难产有何干系呢？"当叶天士一针下去之后，神奇的一幕出现了，只听得"哇"的一声，婴儿顺利地产下了。家人连问其故，叶天士解释说，他在搭脉之后，发现这是一例"捧心胎"。所谓"捧心胎"，就是腹中的胎儿把母亲的胞络缠住了，胞络与心相近，产妇是因为心痛不已而晕厥的。银针所刺的方向其实并不是产妇的心，而是心口近旁的胞络，当针刺到了胎儿的手，胎儿因疼痛而迅速缩动，因而很快就顺利分娩。

在古代中国，天花病毒引发的"痘疹"是最令人恐惧的传染病之一，古代医书中就有这样的记载："小儿痘疹之证，最为酷疾，不日之间，死生反掌。"所以，市井中历来就流传着这样的民谚："生娃只一半，出花才算全"。所谓"出花"，就是出过痘疹，渡过生死难关。叶天士在其行医生涯中，诊治过不少痘疹患者，无不"察其虚实，随证治之"，根据病患的症状，施以不同的治疗方法，且时出奇招。

有一次，叶天士坐着一顶轿子到乡间行医，途中见到一位农村少妇在桑园里采桑叶，他忽然叫停了轿夫，让轿夫到桑园中一把搂抱住那位女子。女子怒气冲冲，破口大骂。叶天士这才从轿子中出来，向女子解释其中的原委。原来，叶天士刚才在轿中远看女子的神情气色，发现她的痘疹已经发到皮膜之间，但因为火气过剩，一直发不出来，若不医治，必有性命之忧，所以就让轿夫做出这等"轻薄之举"，以激怒女子，这样，女子的痘疹就会发到体表，渡过难关。这实在是权宜之计。如果不出意外的话，当晚就会大发，且很快就会康复。后果如叶天士所言，少妇及其家人无不感谢再三，称叶天士为"神医"。

苏州郊外的木渎古镇上有一位富商，他的儿子因病邪内陷，引起痘闭。很多郎中觉得不但很难医治，而且有生命危险。情急之下，富商用激将之法请来了叶天士。叶天士看到富商之子浑身的斑疹混浊凹陷，认为病情不轻，诊治刻不容缓，连忙叫富商找了十多张新漆的桌子，脱光患儿身上的所有衣服，把他放在桌面上，反复翻滚，一张桌子的桌面热了，就再换一张。经过一夜的翻滚，天色渐明，随着患儿"哇"的一声哭叫，浑身的痘子全发了出来，富商之子终于起死回生。

最为奇特的当数叶天士为他的外孙诊治痘疹。有一天，叶天士的女儿抱着刚满周岁的外孙，火急火燎地找到父亲，说自己的儿子患了痘闭不出之症。叶天士仔仔细细地打量审视了一番，略作思考，就给小外孙脱去了衣服，关在一间脏乱、四处飞蚊的空屋子里，把门锁上，自己却出去和别人下棋。女儿悲痛欲绝，对父亲置自己外孙生死于不顾的表现气愤无比。直到深夜，叶天士回到家中，打开空屋，抱出外孙，只见小孩遍体痘疹，全部都发了出来。原来，叶天士采用的就是民间所说的"以毒攻毒"方法，利用蚊虫叮咬皮肤的方法，帮助外孙的痘疹彻底发出。明白了父亲的良苦用心之后，女儿破涕为笑。

清代苏州大文学家沈德潜曾为叶天士作传记,在其所写的《叶香岩传》中,沈德潜有如是公允之论:"名著朝野,即下至贩夫竖子,远至邻省外服,无不知有叶天士先生,由其实至而名归也。"但是,就是这样一位名闻遐迩的神医,却始终怀揣着一颗谦虚谨慎、好学不倦之心。但凡听到周边有某位医者学有专长,他就会隐匿其真实的姓名和身份,恭敬地前往,执弟子之礼拜师。他一生中先后拜过十七位老师,正是没有门户之见,不论尊卑,兼收并蓄,融会贯通诸家之长,才修得精湛的医术。

叶天士听人说镇江金山寺有一位老和尚,精于医术,尤其善用砒霜治病救人。叶天士就乔装改扮成穷人的模样,改名换姓为张小三,来到金山寺恳请老和尚收他为徒。老和尚被叶天士的诚意感动,收留了他。叶天士在镇江一住就是三年,他勤奋刻苦,医术大为精进。一天,老和尚对叶天士说:"张小三,你现在的医术,完全可超越江南名医叶天士了。"听了这话,叶天士立即向师傅下跪,说出了实情。叶天士的谦虚好学,让师傅极为感动。

叶天士的母亲年迈体衰,患了重病,叶天士精心诊治,对症下药,但是一直不见效。他遍请苏州名医,进行会诊,也无计可施。他成日忧心忡忡,口中常念念有词:"石膏、知母、粳米、甘草……"虽熟知药性,但他始终还是拿不定主意。就在这时候,叶天士的家仆对叶天士说,后街有一位章姓郎中,平日里常常夸口自己的医术不在叶天士之下。叶天士听闻之后,非但没有恼怒,反而礼请他上门为母亲诊治。这位章姓郎中看过叶老夫人的病症以及叶天士开的药方后,觉得叶天士的方子剂剂都是对症而下,可谓精确,只是在叶天士的方剂后加了一味"白虎汤"。叶天士看了之后,暗暗称奇,原来他一直念叨的"石膏、知母、粳米、甘草……"正是中医中著名的"白虎汤",但因考虑到母亲年老体弱,恐怕服用之后影响真火,所以对用还是不用,一直犹豫不决。而这位章姓郎中在号脉之后，认为叶老夫人脉相有神，本元尚且坚固，使用"白虎汤"完全不会伤及元气。叶天士按照章姓郎中的方子为母亲治疗，果然取得奇效。事后，叶天士给章氏赠匾一块"精于岐黄"。自此之后，"若是他人母，定用白虎汤"这一民谚，很快在江南地区流传开来。这句谚语背后，是叶天士虚怀若谷的气度和勤奋好学的精神。

在繁重的临床诊治之余，叶天士不断总结经验，更对金元以来的医学典籍做了系统的研究，在温热病症的临床研究上取得了重大的进展，尤其是由他口授、门人顾景文笔录而成的《温热论》，以及由门人华岫云搜集整理的叶天士《临证指南医案》，是中医温病学的代表作。这些著作对温热病的发生、发展、诊断、治疗等都做出了细致而完整的论述，

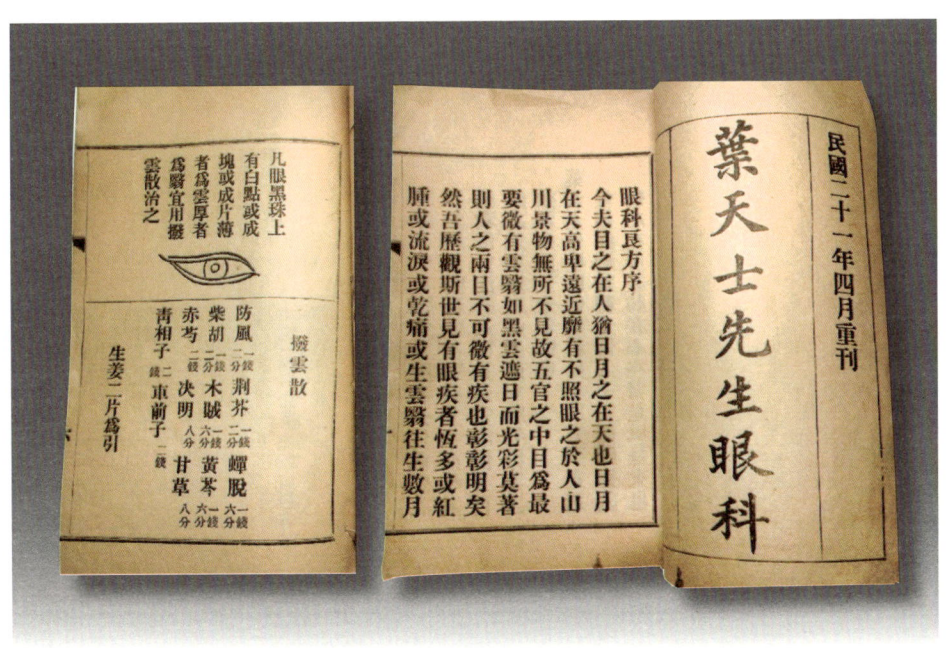

标志着中国古代温病学说理论体系的确立和吴中温病学派的诞生。叶天士在《临证指南医案·疫病门》中，详细地描述了患者朱某患猩红热的脉案和舌象，是中国古代医学史上最先发现、认识并记载猩红热的医学家。叶天士的温病学理法和方药，对后世的许多医家都产生了重要影响，至今在中医急症治疗上也还具有重要的指导意义。

作为一代名医，叶天士一生谦虚谨慎，勤勉严谨，在临终之际，他告诫子女千万要记住"慎勿轻言医"，体现了医者的仁心和名医的审慎、严谨。他说："医可为而不可为，必天资敏悟，读万卷书，而后可借术以济世。不然，鲜有不杀人者。是以药饵为刀刃也，吾死，子孙慎勿轻言医。"这一临终遗言，对后世也极具教育意义。

右图：位于苏州市阊门外渡僧桥下塘的叶天士故居

左图：叶天士像

百鬼醉易

薛雪與葉天士同
時期以文人學士
身份行醫性情孤
高而善救瀕死之
人深受文人和患
者好評

薛雪："九州传姓氏，百鬼避声名"的儒医

自古以来中国就有着"大儒多名医"这样的说法。以儒学修为而兼善医学者，历代比比皆是，如清初的太原傅山、乾隆年间的苏州薛雪，以及清末民初的章太炎，都堪称其中翘楚。

薛雪（1661—1750），字生白，号一瓢，别号扫叶山人、槐云道人、磨剑道人。清代著名的诗人、文学家和医学家。薛雪早年曾师从苏州名儒叶燮，两征博学鸿词科不就，诗文俱佳，著有《一瓢诗存》《扫叶庄诗稿》《吾以吾鸣集》《抱珠轩诗存》以及《一瓢诗话》。薛雪的诗歌创作，深受同门大诗人沈德潜的赞誉："其诗绮丽者本飞卿（唐代诗人温庭筠），镂刻荒幻者本昌谷（唐代诗人李贺），平易者本乐天、东坡（唐代诗人白居易和宋代诗人苏轼），而最上者则又闯入盛唐壸奥。"沈德潜论诗力主盛唐"格调"，他认为薛雪诗中的佳作可以"入盛唐壸奥"，实在是一种极高的评价。

薛雪原本并无意于医，但后来因为母亲患湿热之病，便开始钻研岐黄之术。薛雪并非专意于从医者，但他能把自己的学识，尤其是把传统的哲学思想融入医学的研究中，因而医术日益精进，尤其擅长湿热病症的治疗，他所著的《湿热条辨》等医学著作，对传统医学中的温病学贡献甚大，成为乾隆时期和叶天士齐名的苏州名医。

薛雪本人是一位擅长诗文书画的文人，与乾隆时期儒者、文人、诗家保持着密切的交往，所以他的名声，尤其是医术，就随着诸多文人的文字流播，获得了极高的社会声誉。

乾隆诗坛性灵派大诗人袁枚与薛雪交往尤密，无论他本人，还是家中童仆得病，都会请薛雪为之诊治。因而，金陵随园的袁大才子就成为苏州城南俞家桥扫叶庄的常客。袁枚在《随园诗话》卷五中，不但对薛雪的诗歌有很高的评价，还记载了他目睹薛雪治病救人的事情。

作为吴门名医，薛雪性情孤傲，不喜结交富贵公卿，但凡公卿患病延请，他往往拒不肯前往。他在家门口贴上了这样的一副对联："且喜无人为狗监，不妨唤我作牛医。""狗监"，指西汉文学家司马相如因狗监杨得意的荐引而名显；"牛医"，东汉黄宪贫贱，其父为牛医，同郡戴良才高倨傲，但每每拜见黄宪，无不正容，后世用此典故比喻出身微贱而有声望之人。从这副对联中，就可以感受到薛雪孤傲的性情，他不愿结交权贵，更不愿借由公卿显赫之辈引荐，他只想身居陋巷，箪食瓢饮，乐在其中，这大概也就是薛雪自号"一瓢"的原因吧。

　　乾隆二十年（1755）的春天，袁枚到苏州游玩，他家中的一名厨师王小余得了病疫，卧床不起，多名医生诊治无效。就在大家准备将王小余抬进棺材时，薛雪来访。此时天色已晚，只见薛雪手持烛火，仔细地察看了一下王小余，便笑着说："人死了！但我就是喜欢与疫鬼搏斗，或许我这一出手，恐怕能够战胜疫鬼，也未可知。"于是，他拿出一颗药丸，用石菖蒲捣烂取汁，与药丸一起调和，命轿夫用铁箸撬开厨师王小余紧闭的牙齿，灌下药汤。此时王小余双目紧闭，气息全无，但服药时，周围的人见他的喉头似乎微微一动，汩汩然似咽似吐。薛雪随即嘱咐周围的人说："派人好生看护，等到鸡鸣之时，定当有声，或许有救。"后果如薛雪所言，病人第二天再服了薛雪开的一剂药，就转危为安了。

　　乾隆三十年（1765），袁枚再次来到苏州，他的另一位厨人张庆得了

"狂易"之病。张庆一看到日光，就视如满天雪花飞舞；只要吃了少许的食物，就感觉肠痛欲裂。不少医生都医治无效。薛雪看了之后，认为这是"冷痧"，不需要吃药，刮痧即可。当下薛雪为其刮治，全身出现如掌大的黑斑，刮过之后，病症霍然而除。

正是因为有这些亲身经历，所以袁枚特别赏识薛雪的医术，但凡他自己有什么病痛，也定会请这位俞家桥畔的"牛医"来为他诊治。因而，在袁枚的《小仓山房诗集》中，就留下了薛雪为袁枚治病，袁大才子赠《病中谢薛一瓢》《寄征士薛一瓢》《病起赠薛一瓢》等诗篇为谢的佳话。

乾隆十五年（1750），袁枚寓居苏州，身染沉疴，他在《姑苏卧病》诗中这样描写自己的身体状况："一床高卧阖闾城，五月黄梅听雨声。"就在许多医生束手无策之时，薛雪给袁枚开出的方子极其简单：以木瓜代茶饮。袁枚服后不久就见奇效，只觉得浑身上下通透畅快。袁枚在《病中谢薛一瓢》一诗中记载了这一过程："十指据床扶我起，投以木瓜而已矣。燕下轻瓯梦似云，觉来两眼清如水。"同时还对薛雪的医术大加称赞："先生七十颜若沃，日剪青松调白鹤。开口便成天上书，下手不用人间药。口嚼红霞学轻举，兴来笔落如风雨。枕秘高呼黄石公，剑光飞上白猿女。年年卖药厌韩康，老得青山一亩庄。白版数行辞官府，赤脚骑鲸下大荒。"以袁大才子的名声，广告效应绝不会差。之后袁枚又在《病起赠薛一瓢》一诗中，高度称赞薛氏的医术："九州传姓氏，百鬼避声名。"在诗句之下，袁枚还特意加了一条自注，讲了这样一件事情："江孝廉病，为厉鬼所缠，呼曰：'薛君至矣！'即逃去。"当时的老百姓早已把薛雪视为"医神"了！在这种看似夸饰、虚诞的记载中，有一点却是不争的事实，那就是薛雪的高明医术、显赫名声，已然成为当时许多病患的精神支柱，只要听到薛一瓢将前来诊治，患者无不在精神上受到极大的

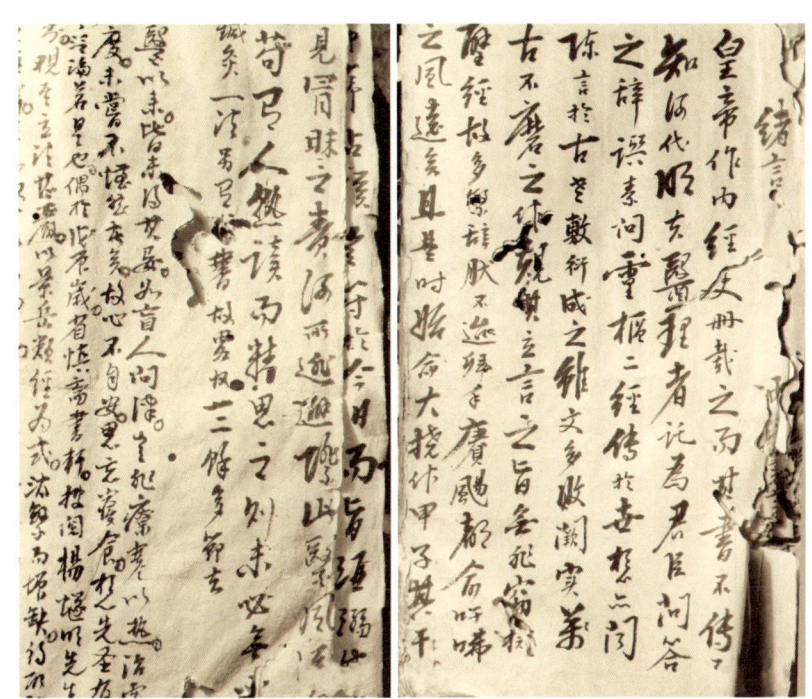

明人张景岳所著《类经》，由薛雪手写绪言及注释

鼓舞和提振，疾病也几乎好了一大半。

从此以后，前来俞家桥畔就医的人越来越多。与此同时，俞家桥畔也聚集了越来越多的文人墨客、名流贤达，诸如袁枚、郑板桥、卢见曾等，座上无不是高朋旧雨。乾隆十六年（1751）端午后七日，薛雪在扫叶庄办了一次大规模的雅集，前来参加的名流众多，袁枚还专门创作了一首长诗《薛徵士一瓢招同许竹素、汪山樵、李克三、叶定湖、俞赋拙、虞东皋集扫叶庄，各赋一诗》，描写了当时的盛况："一瓢不饮好饮客，糟丘高筑苏阊门。七百斛林曲了事，三十六封书召人。端午后七日，大开水南园。坐中衣冠何伟然，霜眉雪鬓堆玙璠。彦先挥羽扇，林宗垫角巾，王融

作才语，乐令能清言。文史玄儒张旗鼓，词波四起风轩轩。"真可谓极一时之盛。这场盛会留给乾隆时代文人的印象是极为深刻的，即便在雅集十年之后，袁枚还不止一次地在诗中反复咏及，其中《病起赠薛一瓢》有谓："往日耆英会，曾开扫叶庄。于今吴下士，剩有鲁灵光。"

面对广大病患和袁枚等众多文人的赞誉之词，薛雪都受之不却，他曾对袁枚戏称道："吾之医与君之诗，共以神行，人居室中，我来天外。"虽说是戏谑之词，但从中不难看出薛雪对自己医术的自信。薛雪的这番自我期许，多少可以印证《清史稿·薛雪传》中对他的评价："于医时有独见，断人生死不爽，疗治多异迹。"

乾隆时期，薛雪和叶天士在苏州地界上都是赫赫有名的医生，在

苏州城南薛雪故居「扫叶庄」遗址

野史笔记以及苏州的民间传说中，常有二人不睦的说法。清代苏州名医唐大烈（字立三，号笠山）所辑录的《吴医汇讲》卷二就说叶、薛"二公各有心得，然不相上下"，后来就连《清史稿》也采用了这一说法。清代学者陆以湉在其《冷庐医话》中就连续记载了两则叶、薛相互斗"法"的故事。

在乾隆某年，吴地发生了较大规模的疫情，苏州府设置医局以救济百姓，一时名医汇集。薛雪和叶天士也每天都要到医局来一次。一天，有一位更夫前来求诊，只见他"身面浮肿，遍体作黄白色"，首诊的医生是薛雪，薛雪见后回绝他说："水肿已剧，不治。"更夫在绝望中离开的时候，恰巧遇到了轿中的叶天士，叶天士从远处就对他大声说："你不是更夫吗？你的疾病只不过是被蚊香之毒侵袭所致，只需两剂方剂即可。"更夫在煎服了叶天士的方剂后很快病愈。这件事立即激起了薛雪内心的不平之气，他发誓要在医术上超越叶天士。回到家中，薛雪就把居所的匾额换成了"扫叶庄"，叶天士听闻后也把家中原先的匾额换成"踏雪斋"，这就是野史和民间盛传的叶、薛二人"以盛名相轧"这一故事的开端。

在此后不久，薛雪终于获得一次挽回颜面的机会，在与叶天士的医术较量中大获全胜。一天，叶天士接诊了一位因过量食用油炸食物而导致病痛不适的患者。叶天士见到患者，便对他说："无药可救。"万般无奈之下，家人带着病患向薛雪求救，当薛雪得知叶天士曾以"无药可救"回绝了眼前的这位病人时，便决计收留此人，并施以参汤、药剂，化导病人肠胃之积滞。病人服下不久，腹中便响声如雷鸣，大泻过后，身体痊愈。

作为一代名医，无论薛雪还是叶天士，都以悬壶济世、治病救人作为自己行医的道德准则。他们之间的冲突也好，较量也罢，其实体现的

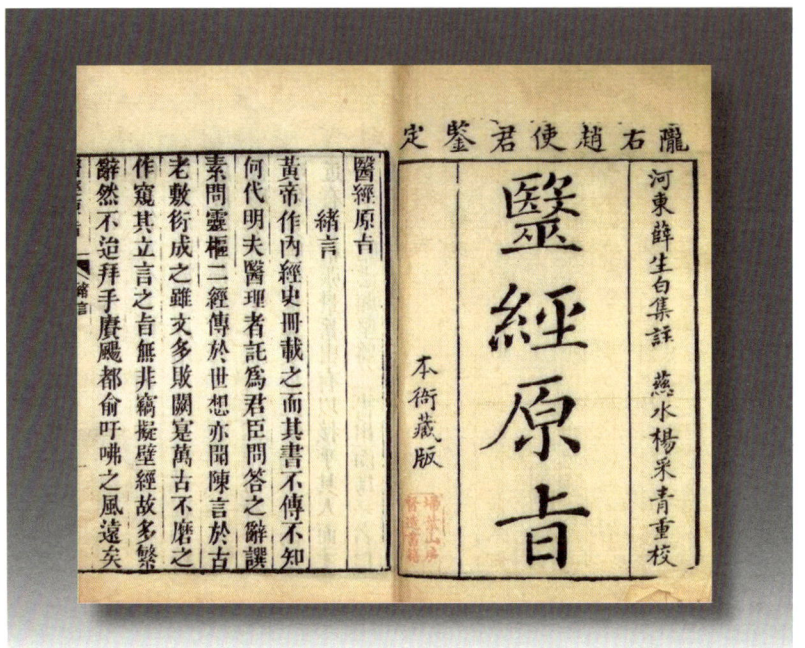

右图：清刊本《三家医案合刻》书影，该书汇集了苏州名医叶天士、薛雪、缪遵义三家医案
左图：清刊本《医经原旨》书影

是乾隆时期"儒医"与"时医"之间的对峙和价值冲突。薛雪是以文人学士身份行医，虽然他医术高明，救人无数，医学成就也很高，但是他"不屑以医自见"，是典型的"儒医"。而叶天士则属于典型的"时医"，他出生于世代行医的家庭，文化素养不及薛雪，但以临床经验丰富而著称。二人在医学上的成就和造诣各有千秋，正如清代名医黄凯钧（号退庵）在其《遣睡杂言》中所说的那样："二君皆聪明好学，论人工薛不如叶，天分则叶不如薛。"论学养深厚、思维灵敏，薛雪远在叶天士之上，至于药剂"蕴酿烹炼"之功，则薛雪明显相形见绌。

不管薛雪和叶天士之间有着多少的纠葛和恩怨，他们二人都以自己

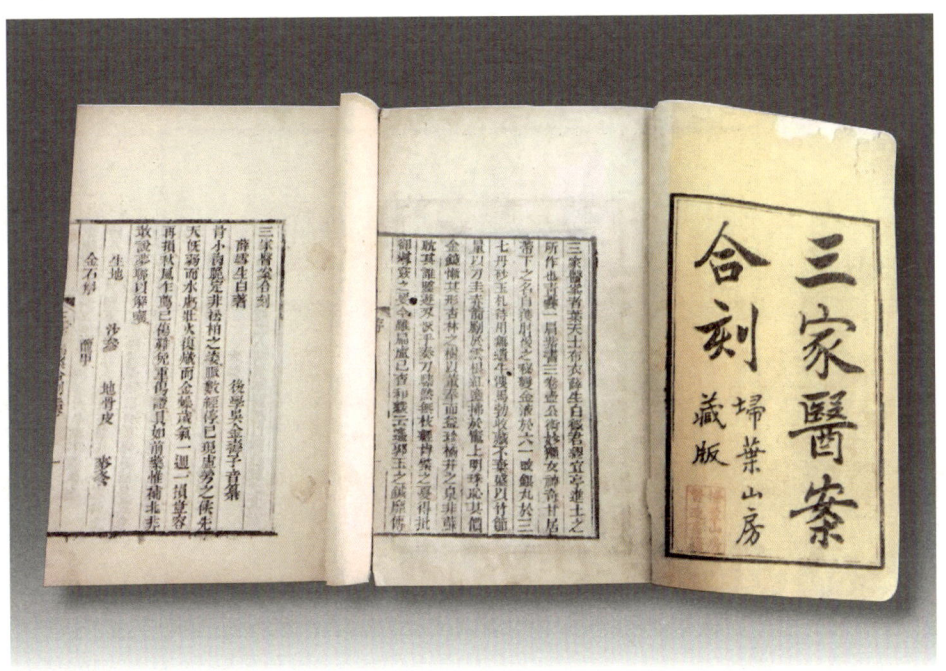

毕生的精力救死扶伤，研究医学，共同开创了中国古代医学中的温病学派，并称"叶薛"。薛雪在医术和医学理论上敢于独辟蹊径，提出了不少独到的见解。他非常重视根据临床经验与个人体会编写医案，他的《医经原旨》一书，就是广集诸家之说，结合自己多年临床实践中形成的真知灼见最终写定的重要理论著作。此外薛雪还著有《疟论》《膏丸档子》以及《日讲杂论》等。薛雪善治温病，他把毕生诊治温病的临床经验总结成《湿热条辨》，系统地论述了各种湿热症，内容精辟，言简意赅，独具慧眼，与叶天士的《温热论》一起，并列为清代温病学说的两大理论专著。

德藝雙馨

清代名醫徐靈胎

出身書香門第善

用奇特手法和便

宜藥材救治疑難

雜癥醫術與醫德

并重喜用文筆傳

道情

徐灵胎：救人命的名医，警人心的道情

在吴江八坼凌益村有一座坟茔，坟前的牌坊上刻有两副对联，这是墓主人生前自撰的："满山芳草仙人药，一径清风处士坟。""魄返九原，满腹经纶埋地下；书传四海，万年利济在人间。"由此可以推断，这是一位医术高明、品行高洁的文士，再往前行，就清晰地看到坟前的一块石碑，墓主人的身份昭然若揭——清名医徐灵胎墓。

徐灵胎（1693—1772），本名大椿，又名大业，字灵胎，以字行世，晚年号洄溪道人，江苏吴江人，清康熙三十二年（1693）生于江苏吴江的一个诗书之家。他的祖父徐釚是清初著名的文学家、词人、画家。祖父所建南州草堂富藏书，多达数千卷，著录在《菊庄藏书目录》中。

照常理，出生于这样一个诗书之泽深厚的家庭，徐灵胎的人生轨迹应该是"书斋读书——考场科举——官场仕途"。然而徐灵胎生而"有异禀，聪强过人"（袁枚《徐灵胎先生传》），对自由有着非常强烈的渴望，在少年时代就表现出"落落自奇异，不肯同于人"的个性，尤不喜欢受拘束，他在学习儒学之余，对天文、地理、音乐、武术都有浓厚的兴趣。少年时代的徐灵胎开始也是沿循着儒家士子的寻常轨迹前行，七岁入学，束发从师，十四岁学制艺，二十岁从学于周意庭，精熟《四书》，也就在这一年，他通过县试，考中秀才。在县学中学习，颖悟绝人的徐灵胎感到前所未有的沉闷、压抑和无聊，越发地厌薄"时艺"这样的科举文章。在一次岁试中，徐灵胎终于爆发了，他在岁试的试卷后题写了这么一句诗："徐郎不是池中物，肯共凡鳞逐队游？"（陆以湉《冷庐杂识》卷八）徐灵胎的大不敬惹怒了有司和县学中的学官，最终的结果可想而知：县学革除了他的生员资格，徐灵胎以布衣终老。

　　不久，他的三弟如彬患痞症（胸腹部胀闷不适而外无硬结之形的症状），之后四弟景松、五弟景柏又相继得重病，到苏州延请名医叶天士而不至，无治而离开人世，父亲也悲伤过度成疾。在接二连三的家庭变故中，徐灵胎立志学医，诊治天下所有遭受病痛之苦的人。他开始遍访名医，研习、讲论医学并研制药物，还发奋研读医书，上自《黄帝内经》，下至元、明以及当代医家的著作，"上下数千年"，无不博览博采，一生阅读的历代医学典籍多达万卷。在理论上"穷源达流"的同时，徐灵胎更结合自己多年丰富的临床经验，"参稽得失"，并用文字的形式把这些宝贵的医学成就记录下来。

　　终其一生，徐灵胎的医学著作很多，主要有：《内经诠释》一卷、《难经经解》二卷、《难经经解补正》二卷、《伤寒论类方增注》、《伤寒约编》六卷、《增辑伤寒论类方》四卷、《伤寒论类方》一卷、《神农本草经百种录》一卷、《兰台轨范》八卷、《洄溪秘方》、《增注古方新解》八卷、《洄溪老人二十六秘方》、《牛痘要法》、《推拿述略》、《徐氏医灵》二卷、《外科秘本》、《良方集录》、《咽喉杂症秘方》、《疡科集案类编》二卷、《外科正宗》十二卷、《疡科选粹》、《洄溪医案》一卷、《医学源流论》二卷、《医匮砭》二卷、《脉诀启悟注释》一卷、《六经病解》一卷、《徐批叶天士晚年方案真本》二卷、《医论》、《管见集》、《慎疾刍言》一卷、《医砭》一卷、《征士洄溪府君自序》、《经络诊视图》、《药性切用》六卷、《舌鉴图》、《杂病证治》九卷、《女科指要》六卷、《女科

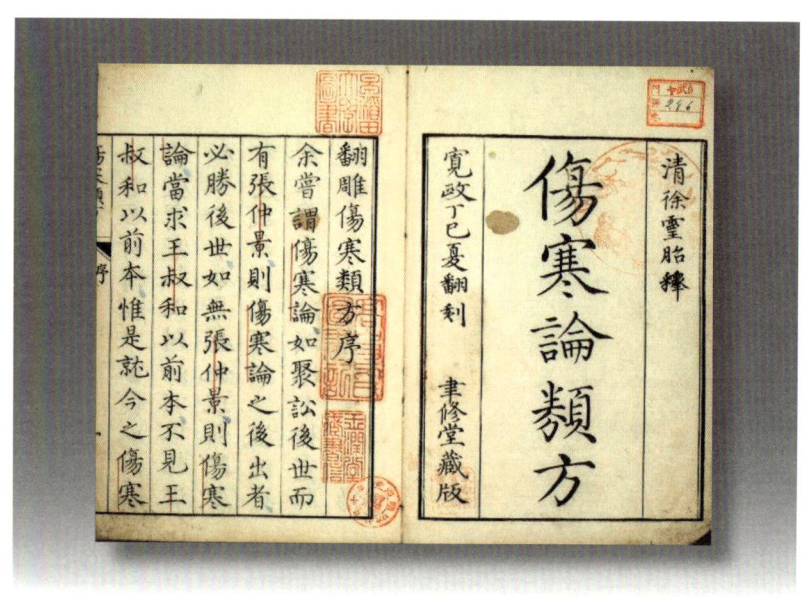

治验》、《杂病源》、《洄溪脉学》、《舌鉴部论》、《女科医案》、《古方集解》、《种子要方》、《中风大法》、《六经脉诊》、《舌胎图说》、《药性诗解》、《叶案批谬》、《汤引总义》、《经络诊视图》等数十种。

　　自从立下悬壶济世的志向之后，徐灵胎"往来于三江五湖间"，足迹遍布太湖流域，吴江各乡镇自不必说，周边的苏州、嘉兴、松江、常州、武进、常熟更是其常到之地，甚至远渡长江到淮安，诊治了不少疑难杂症，救人无数。晚清苏州文人潘曾玮为徐灵胎《慎疾刍言》题跋时有曰："其投药造方，辄与人异。"徐灵胎医术高明，在遇到各种疑难杂症的时候，常常会有出人意料的治疗方法，最终取得奇效。他在自己的《洄溪医案》中就记载了很多这样的病案，其中有一些病例，也被诸如袁枚、潘曾玮等清代著名文人传诸笔墨，广为传布。

　　在吴江芦墟镇上，有一个名叫连耕石的寒士，得了暑热之症，卧病在床，六天六夜不食不言，而他的双眼却炯炯有神，始终不能闭合而眠。徐灵胎诊视之后说道："此乃阴阳相搏之症。"于是，就给病人服用了一剂药，很快，病人的双眼就能够闭合，而且也能说话了。其后，徐灵胎再给病人服下一剂汤药，奇迹发生了，这位姓连的书生竟从床榻上跃然而起。疾病痊愈后的病人感到无比惊奇，只听得他说道："在我病情危重的时候，神志迷迷糊糊中，只见眼前有一红、一黑两个人在我身体里纠缠，不断地作祟作怪。猛然间，好似看到那个黑人被雷击毙，过了不久，那个红人被白虎叼走了。这是怎么回事啊？"看着满脸疑惑的病人，徐灵胎解释了其中原委。病人所谓"雷震"者，其实是他让病患服用"附子霹雳散"之后所起的作用，徐灵胎利用附子根回阳祛寒的功效，帮助

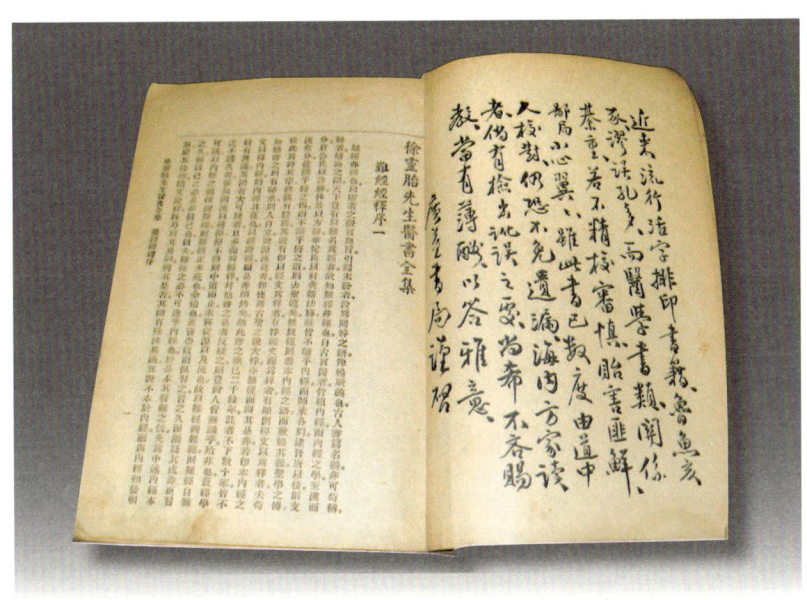

病人去除体内之寒；而所谓"白虎"者，就是徐灵胎所施用的"天生白虎汤"，则是利用西瓜瓤（《本草求真》称西瓜瓤为"天生白虎汤"）清暑解热的功效，帮助病人祛热。

张雨村的儿子，生下来就没有皮肤，所有看到的人都觉得恶心，张雨村都准备抛弃这个小孩了。徐灵胎知道以后，让张雨村先用糯米磨成粉，把糯米粉均匀地洒在小孩的身上，然后再用绢把小孩全身包好，把他埋在泥土中，只露出头部，与此同时，用乳汁喂养他。两天两夜之后，小孩的身上长出了皮肤。

有一位任氏之妻，患风痹症，一旦病发，只觉得双腿有如针刺，疼痛难忍，一直医治无效，长年饱受病痛折磨。徐灵胎收治她后，并没有给病人开出什么名贵的药方，而是关照任氏的家人制作了一条厚的褥子，派几个强健有力的老年妇女紧紧地抱住任氏的妻子，并且反复叮嘱她们：无论病人如何挣扎呼叫，都要死死地搂抱住，决不松手，直到任氏的妻子发出汗来为止。任氏按照徐灵胎的关照去做，没有用任何药物，其妻的风痹症果然奇迹般地好了。

有个拳师，在和别人比试拳技中，不慎胸部受伤。就在他气绝口闭的危急关头，徐灵胎赶到，让人把拳师的身体翻过来，覆卧于地。徐灵胎接下来的举动，几乎让现场的每个人都吓了一大跳，只见他举举起拳头，奋力朝拳师的臀部打了三下。更让众人惊愕的是，拳师"哇"的一口，吐出数升黑血，便安然无事了。

淮安有一位富商杨秀伦，因外感而停食，延请了许多郎中前来诊治。所有的郎中都认为，这位患病的富商年已七十四岁高龄，要治疗疾病，"非补不纳"，即首先要进用补药，先作调理。长期服用人参等补药，这位"年高素封"的富商非但疾病没有丝毫起色，反而出现了闻到饭气就要呕吐的症状，一见到别人饮食吃饭，就大声叱喝道："此等臭

门诊蜡像

物，亏汝等如何吃下？"就这样不食不寝，前后将近一个月，依然只是用参汤来续命。后来，富商家人想到了徐灵胎，便遣人接徐灵胎来到淮安。徐灵胎诊视之后，对家人说道："病完全可以治愈。但是必须按照我开具的方剂服用。如果不从，病人必死无疑。若按照原来各位郎中所开的药来治疗，此病终将不治。"当富商的家人和其他郎中听说徐灵胎要给七十四岁高龄的患者用生大黄的时候，一时间众人无不大骇，而徐灵胎坚持"非生大黄不可"。名医徐灵胎千里而至，且又如此坚决，富商家人觉得不可不周全情面，于是就敷衍道："姑且等先生定下方剂，再做商量定夺。"其实他们准备在徐灵胎的药煎好之后，私底下偷偷丢弃了。徐灵胎看出患者家人的狐疑心思，也不多说什么。他开具方子之后，亲自煎制汤剂，并亲自把汤剂送到病人的床榻前，强行让病人服下。周围的人

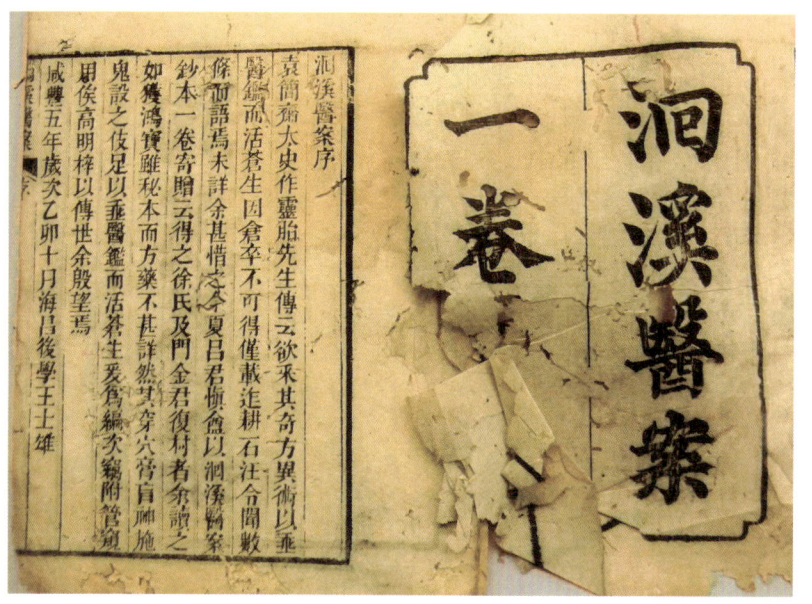

清刊本《洄溪医案》封面、内页书影

见此，皆惶恐无措。只服用了一半汤药，当天夜里，病人就气息平静，得以安睡入寝。第二天，病人又服用了一剂汤药，不久就出现了宿垢少许下泄的情况，身体也益和。到了第三天早上，只听得外面纷纷哗传："老太爷在堂中扫地了！"到早餐时分，老太爷看着家人吃东西，也不觉得厌恶了，就向碗内拨数粒米饭，细细咀嚼，竟然觉得很有滋味，说道："何以不臭？"再按徐灵胎的方子调养，老人饮食渐进，精神如旧。自此以后，徐灵胎的名声远播淮阴、扬州一带。

类似的病案在徐灵胎所著的《洄溪医案》中多达九十多则，上述几个病案就足以表现徐灵胎医术之高明，手法之独特。清代乾隆诗坛的大诗人袁枚就在《徐灵胎先生传》中不吝美词称赞徐灵胎的医术，其中有曰："每视人疾，穿穴膏肓，能呼肺腑与之作语。其用药也，神施鬼设，斩

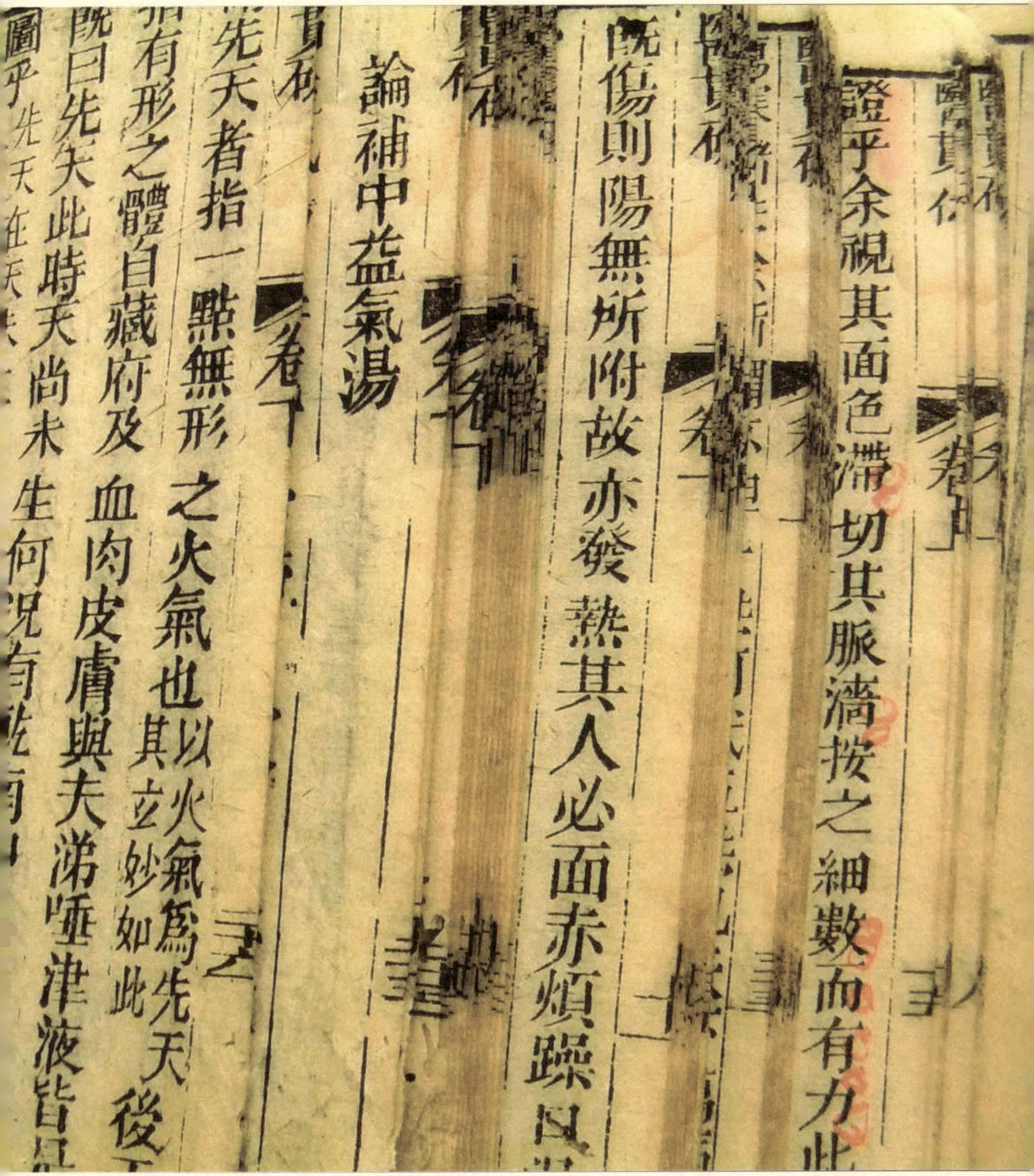

證乎余視其面色滯切其脈濟按之細數而有力此

既傷則陽無所附故亦發熱其人必面赤煩躁□□

論補中益氣湯

卷一

先天者指一點無形
之火氣也以火氣爲先天後

既有形之體自藏府及
血肉皮膚與夫涕唾津液皆

先天夫此時天尚未生何況有
圖乎先天在天尚未

关夺隘，如周亚夫之军从天而下。诸岐黄家目惶心骇，帖帖折服，而卒莫测其所以然。"

除了医术之高明，徐灵胎高尚的医德也被人称道。潘曾玮所感叹徐灵胎之"异"者，正是谓此。

从上述的几个病案中，我们很难看到名贵的药材，徐灵胎大多只用了极为平常的药材，甚至没有用药，就把病人的病痛解决了。这其中就切切实实地体现了徐灵胎的医学理念和医德。徐灵胎曾这样教导他的弟子："行医之要，惟存心救人，小心敬慎……若欺世徇人，止知求利，乱投重剂，一或有误，无从挽回。病者纵不知，我心何忍？"作为一名医生，徐灵胎以拯救黎民苍生的生命为己任，从不把医术作为谋取钱财的捷径。徐灵胎更是时常以尖锐的语言批判当时一些医生唯利是图的做法，诸如"或立奇方以取异；或用僻药以惑众；或用参茸补热之药，以媚富贵之人；或假托仙佛之方，以欺愚鲁之辈；或立高谈怪论，惊世盗名；或造假经伪说，瞒人骇俗；或明知此病易晓，伪说彼病以示奇"，如此种种，无非是利益驱使而丧失医德的奸诈行为，徐灵胎对此尤为不齿。徐灵胎常常怀着崇敬的心情回忆自己幼年时候接触的前辈郎中，向弟子们

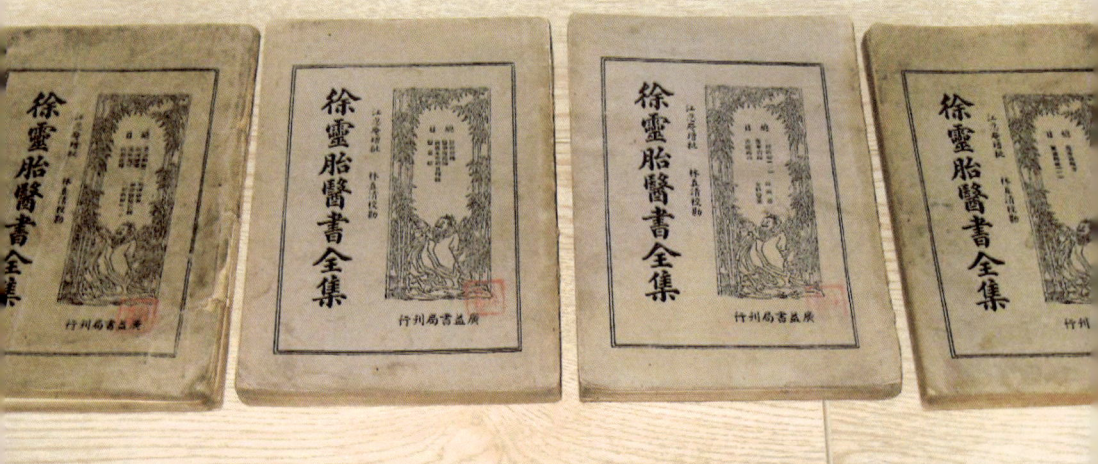

民国本《徐灵胎医书全集》封面书影

讲述他们的慈悲之怀和高尚医德："吾少时见前辈老医，必审贫富而后用药，尤见居心长厚。况是时参价，犹贱于今日二十倍，尚且如此谨慎，即此存心，今人已不逮昔人远矣！"所以对弟子说，那些动不动就用人参等名贵药材，动不动开大方子的医生，实为恶医，"皆有豺狼之心也"。他把医者的品行端方、心术纯正看得比医术更重。

徐灵胎医德、医术并重的故事在其《洄溪医案》中比比皆是，其中就有这样一个故事。

有一位三十多岁的杨姓患者，因狎妓冶游，偷用了他父亲千金，遭到了父亲的严厉庭责。他本就体虚，再加上郁怒，就病了起来：开始像得了伤寒，之后渐渐出现了神昏身重的症状。医生都以为是纯虚之症，只需要"峻补"，每天都用人参三钱。然而杨公子的痰火越来越郁结，身体僵硬如尸，全家人都以为这样下去绝无生还的希望了。

当徐灵胎初次前去诊脉时，家里人环聚在一起，暗自哭泣。徐灵胎诊脉之后，又按了按他的身体，发现全身上下都布满了痰核，大大小小多达千余个。见此情形，徐灵胎心里已经有谱了，不觉大笑。杨家哭泣的人们不禁骇然而问何故。徐灵胎说道："诸位都在哭泣，莫不是真以为他将死了吗？现在你们派人到府衙中借大板来，对病人重打四十大板，他也绝不会死的。"病人的父亲听说之后，似乎不能相信徐灵胎所讲的一切，便略带赌气之意对徐灵胎说："为了治愈我儿子的疾病，迄今为止光吃人参的费用都已经多达千金了。如果照你所说的做，我儿子能痊愈起来，我定当奉送千金，为你祈寿。"

徐灵胎听出了其中的言外之意，便对病人的父亲说："千金之聘，可以打动其他的人，但对我来说，行医多年从无这样的先例。金钱绝对不是我所想要的唯一。每个人对医道的理解不同，我们都是各尽其道而已。"说完便开出了一张再普通不过的清火安神之方，再佐以没药一服。

病人服用后，三天便能说话，五天后已经能坐。一月之后，一切行动如常，已然痊愈。

为了感谢徐灵胎的救命之恩，主人趁家中牡丹盛开的机会，邀请徐灵胎和亲戚朋友赏花、宴饮。徐灵胎对杨公子戏谑道："君服用人参，花费千金，到头来差点儿送了性命。现在服下了我开的没药而得以痊愈，当时应允的药钱岂可不兑现呢？"杨公子的舅舅恰好在一旁，说："必须兑现，敢问先生多少银两？"徐灵胎微微一笑答道："人参是让公子增病之药，其价值千金，那我给你除去病症的药，其价格自然应该翻倍了。"就在病者脸上露出惊惶之色的时候，徐灵胎缓缓说道："不用担心，只不过八文钱，拿来买萝卜籽而已。"当时还有些剩余的药，大家拿出来一看，果然只是理气化痰的萝卜籽。原来杨公子的痰邪，越是进补，越会积在体内，必须排解出来。众人哈哈大笑。徐灵胎的幽默让大家叹服，更让大家敬重的是他不仅医道高明，而且医德高尚，不为千金重利所动，唯以存心救人为己任。

徐灵胎治病救人，不但不计较财货之得失，更有担当，在面对疑难、危重病情的时候，他绝对不会为了所谓的名声而敷衍推诿。他曾对自己的弟子这样说过："凡举世一有利害关心，即不能大行我志。天下事尽然，岂独医也哉？"徐灵胎是这样说的，也是这样做的，在《洄溪医案》中的《痰喘》一章中就记载了这样一桩事——

松江王孝贤的夫人素来有血症，时发时止，发作的时候常常微咳。后来因为感冒而转变成痰喘。一旦发作，头不能着枕，夜不能寐，每日每夜俯坐在几案上，身体往往不能支持。王孝贤请来常州名医法丹书为夫人调治，几经尝试，都未见效。最后王孝贤找到了徐灵胎，请他与法丹书一起会诊。徐灵胎看过病人之后说："这是小青龙证。"法丹书答道："我也知道，但是夫人体弱，且素有血症，又怎么能用麻黄、桂枝这样的

位于苏州市城皇山的洄溪草堂，真正的洄溪草堂已踪迹全无

药呢？"徐灵胎道："急则治标，眼下夫人咳得厉害，再咳几天，夫人就要没命了。况且先治她的新病，等新病治愈后，再治其本病也不迟啊。"法丹书说："话虽如此，但是这其中的道理，病人又怎能知晓明白呢？如果是治疗本病而死，病人死而无怨，家属也不会多说什么；如用麻黄、桂枝而致病人死亡，那么病人家属就会完全怪罪于医生用药杀人了，而不会考虑这个病本身无法治疗的事实。我是行医之人，不能任人误解怪罪。如果您不在乎自己的医名，请独自承担此事吧，与我无关了。"常州名医法丹书，颇有学识，但是为了保护自己的医名，他坚持着旧时许多名医恪守"知不能行"的原则，面对诊治中的风险，不敢承担责任，不愿

采取果断有力的措施。而徐灵胎却将自己的名声置之度外，唯以拯救患者的性命为第一义。听了法丹书的话，徐灵胎只是淡淡地说了一句："服药后若有危害，我自一力承担，只求先生不阻挡我行事。"王夫人服用了徐灵胎的汤剂之后，气平就枕，终夕安寝。在急症平息之后，再服用徐灵胎所开消痰润肺、养阴开胃之方跟进调理，王夫人的身体很快康复如旧。

在这则病例后的评论中，徐灵胎自己也清晰地分析道："盖欲涉世行道，万一不中，则谤声随之。余则不欲以此求名，故毅然用之也！"

徐灵胎治病救人无数，深得患者拥戴，也赢得了良好的口碑，但他从不因此而居功自傲，反而时常感谢病患。在《洄溪医案·瘀留经络》中，就有这样一个经典的记载。浙江乌镇人莫秀东得了一种怪病，开始的时候只是背部疼痛，后来发展到胸胁都疼痛难忍。奇怪的是患者白天的饮食起居一切正常，到了黄昏时分，疼痛就定时开始发作，痛得整夜呼号不止，乡邻都觉惨不忍闻。莫秀东前后医治了五年，家中的财产因治疗怪病而几乎耗尽，在无比绝望中他甚至想到了上吊自杀。莫秀东的亲戚怜悯他，就带他到徐灵胎那儿，请求诊治。徐灵胎诊视之后，即刻判断这是极为罕见的怪病——瘀血留经络之症，于是决定把病人留在自己家中悉心治疗，并且关照儿子徐爔说："这是难得的怪病，可以尝试各种办法来进行治疗。这不仅是治病救人，而且也是一个很好的学习机会，正可造就自己的学问和医术。"此后，徐灵胎对病人施以针灸、热敷、按摩、推拿、煎药、丹丸等各种方法。经过徐灵胎的治疗，病人的疼痛逐渐减轻，疼痛的时间也逐渐缩短。一个月之后，病人的症状全部消失了。痊愈之后，莫秀东对徐灵胎感激不尽，而徐灵胎却对患者真诚地致谢："我正要感谢你呢。但凡疾病深重者，医者必须倾尽全力，用尽十八般武艺，而后方能奏效。现在许多病人都希望一服药剂下去，就立竿见影，如果三剂不验，就会对医生失去信任，而去找其他医生来诊治了。只有你始终相信我，真可谓我的知己啊！怎能不感谢你呢？"

如此重视医术的研修精进，如此真诚对待患者，体现了徐灵胎作为一代名医的赤诚之心、敬业之心，而这正是他一生不求医名而大获医名的原因所在。所以，著名诗人袁枚在《徐灵胎先生传》中给徐灵胎写下了这样的赞语："艺也者，德之精华也，德之不存，艺于何有？……人但见先生艺精技绝，而不知其平素之事亲孝，与人忠，葬枯粟乏，造修舆梁，见义必为，是据于德而后游于艺者也。"

乾隆二十五年（1760），文华殿大学士蒋溥患病，乾隆帝遍访海内名医为其治疗，因大司寇秦蕙田之荐，徐灵胎被召。徐灵胎检查之后，就直言蒋氏的病已无药可救。乾隆帝嘉赏徐灵胎的朴诚，想要留他在京城效力。但徐灵胎依然心系百姓的疾患，再三乞归田里。允准之后，徐灵胎退居在苏州城外的越溪松毛坞,在洄溪之畔、画眉泉之旁建洄溪草堂,为乡亲治病,一直到去世。

　　徐灵胎作为苏州的名医,时常受人邀请出诊,往返于太湖、吴淞江之间,因而对太湖流域的水系了如指掌,对太湖诸水的"源流、顺逆、深浅、通塞之故"(彭定求《儒林郎徐君墓志铭》),无不知晓。所以,但凡地方上有水利之事,县令都会向他征求意见。由于徐灵胎"于少时留心经济之学,于东南水利尤所洞悉",所以持论凿凿,所言无不被采纳。袁枚在《徐灵胎先生传》中就详细记载了徐灵胎治水的两件事。雍正二年(1724),吴江计划大开塘河,估计深度达六尺,并将傍塘岸堆土,徐灵胎起而力争,提出反对意见:"误矣!开太深则费重,淤泥易积,傍岸泥崩,则塘易倒。"最后按照徐灵胎的建议,将河塘"改缩浅短,离塘岸一丈八尺起土,工费省而塘保全。"乾隆二十七年(1762),江浙大水,

江苏巡抚欲开震泽七十二港，以泄太湖下流之水。徐灵胎认为，震泽七十二港，并非都是太湖之下游，只有近城的十余港，确实是入江故道，应当开浚，至于其余五十余港，绝对不能开掘疏浚。沿岸二百余里，室庐、坟墓万计，如果不计后果开掘，不仅费用巨大，而且会出现"湖泥倒灌，旋开旋塞"的局面，"伤民实多"。江苏巡抚将徐灵胎的建议上奏朝廷，天子是之。按照徐灵胎的方案进行，苏州的百姓未受其扰，而工程也顺利完成。

徐灵胎不仅是一代名医，也是一位文学家，他尤"好作道情，一切诗文，皆以是代之"。他曾将自己所写的道情作品编辑为《洄溪道情》。徐灵胎非常喜欢用这种通俗的文学形式来针砭时弊，救世劝善。在他看来，写作道情"颇不易，必情、境、音、词处处动人，方有道气"。他的道情作品深得大诗人袁枚的赞赏，袁枚在《随园诗话》中也载录了一首他嘲讽学究的作品《行医叹》以警醒世人："叹，无聊，便学医。哎，人命关天，此事难知，救人心做不得谋生计。……凡读书议论，必审其所以然之故，而更精历试。……终日遑遑，总没一时闲荡。严冬雪夜，拥被驼绵，直读到鸡声三唱；至夏月蚊多，还要隔帐停灯映未光。只今日，目暗神衰，还不肯把笔儿轻放。"

他的《劝孝歌》道情，劝世人要尽孝道："五伦中，孝最先。两个爹娘，又是残年。便百顺千依，也容易周旋，为甚不好好的随他愿！譬如你诈人的财物，到来生也要做猪变犬。你想身从何来？即使捐生报答，也只当欠债还钱，那里有动不动将他变面！你道他作事糊涂，说话敧偏，要晓得老年人的性情，倒像了个婴年，定然是颠颠倒倒、倒倒颠颠。想当初你也将哭作笑，将笑作哭，做爹娘的为甚不把你轻抛轻贱？也只为爱极生怜，到今朝换你个千埋百怨。想到其间，便铁石肝肠，怕你不心回意转！"他的《丘园乐》道情则劝人要安贫乐道："做闲人，身最安，无辱无

徐灵胎晚年隐居地「画眉泉」

荣，无恼无烦。朝来不怕晨鸡唤，直睡到红日三竿。起来时篱边草要芟，花边土要翻，香蔬鲜果寻常馔。只听得流水潺潺，鸟语关关，顽儿痴女跟随惯，绿蓑青笠随时扮。也有几个好相知，常来看看。挂一幅轻帆，直到我堂湾，带几句没要紧的闲谈细细扳。买碎鱼一碗，挑野菜几般，暖出三壶白酒，吃到夜静更阑。"

　　"满山芳草仙人药，一径清风处士坟。"这是徐灵胎临终前的自我评价，纵观他的一生，他确实无愧于此语。苏州历史上这样一位"德艺双馨"的名医，岂能因时间的流逝而被淡忘呢？

醫術品七

晚清名醫曹滄洲繼
承發揚了祖傳內外
科醫術處方靈巧不
喜歡用名貴的藥材。
往往以平常之物著
奇驗之效。

曹沧洲：三钱萝卜籽换"红顶子"

"早吃生姜夜吃卜，郎中先生急得哭"，这是在民间流传甚广的谚语。白萝卜主泻，具有消积滞、化痰清热、下气宽中、解毒等功效，所以，在普通百姓的日常生活中，白萝卜这种再平凡不过的蔬菜历来被视为养生防病之必备。

在苏州流传着这样一个传说，晚清苏州名医曹沧洲以三钱萝卜籽换来了七品御医的红顶子（一说九品）。故事似乎有点传奇色彩，却真实地反映了曹沧洲在中医领域的造诣和医学理念。

曹沧洲（1849—1931），名元恒，字智涵，晚号兰雪老人，又号兰叟，居住在苏州阊门内。苏州曹氏世代为医，以内外科著称。曹沧洲自幼受祖父曹云洲、父亲曹承洲的影响，开始了对祖国传统医学的学习和研究。此外，他还大量阅读苏州历史上诸如叶天士、薛雪等名医的理论著作和医案。很快，曹沧洲就成为苏州城内无人不知的名医。

曹沧洲医术高明，对温病的治疗极富经验，但更为擅长的还是祖传的内外科。他历治内、外各症，涉及风温、湿热、咳嗽、咯血、痰饮、噎膈、痧痘、肝脾、肿胀、痢疾、疟疾、淋浊、疝气、经产、喉科、疔门、耳目鼻、唇齿舌、乳科、外疡等二十多个大类的病症，这些行医经历和方剂都被他的弟子抄录整理在《曹沧洲医案》中。

右图：位于苏州市瓣莲巷的曹沧洲祠砖雕门楼
左一：曹沧洲像　左二：曹沧洲祠内景

　　从《曹沧洲医案》的记载中可以看出，曹沧洲为病患治病，处方灵巧，不拘一格，更不喜欢用名贵的药材，以疗效为开方的唯一标准，往往能够以平常之物而药到病除，多奇验之效。在此书中，他对鼓胀之症的治疗和用药就极有特色，"健脾和胃""清热化湿""疏肝理气"是他最基本的法则，在用药的过程中，大量使用平常的陈皮、麦芽、柴胡、山药、车前子、冬瓜皮、鸡金（鸡肫的内皮）。

　　光绪三十二年（1906），曹沧洲经人推荐，到紫禁城充当御医，和青浦名医陈莲舫一起，共同为光绪帝号脉治病。这一经历都被陈莲舫详细地记录在他俩工作的实录《御医清脉详志》中。曹沧洲在宫中时时进退，不敢有丝毫的懈怠，诊疗中力求切中肯綮，方子的调剂，汤药的煎制都事必躬亲，费尽心力。

爱写灵岩一角山
宛如身历屡翁幮
间峰头片之飞雪
白不碍幽人策杖還

弱冠随侍先舅氏
曹沧洲先生庭诵
输之名在 宫内浮
亲宗元明吉畫堂
赐 纯皇御用佳纸
此其一也圖成名題
戊申四月吴子深
时年二十有五

《春山云影图》 清·吴子深绘

此画为吴子深用乾隆皇帝御用纸所作，并于诗堂中

自述年轻时从其舅曹沧洲习医的经历

据说，某一年慈禧太后得了怪病，头痛、心痛、肚子痛，几乎是气息奄奄，宫中的御医手足无措。就在此时，有一位苏州官员（一说是苏州籍的新科状元某氏）向朝廷举荐曹沧洲，说在苏州地方上，有一位人称"赛华佗"的曹沧洲，有妙手回春之术，把他请到京城，太后的疾病或许可以转安。

曹沧洲被逼无奈，只得进京。到了京城，曹沧洲借口路上因风寒染疾，不宜马上给太后看病，就利用这段时间做足了功课，一则详细了解太后疾病的来龙去脉，二来打听太医们施治的方剂。经过分析研究，曹沧洲觉得太后并没有太大的毛病，只是因为平日里锦衣玉食，肥甘之食积滞所致，这在古代医书上早就讲得清清楚楚："滋补过多，必然食阻中焦，中焦闭塞，危在旦夕。"再加上宫中的御医连续使用滋补的药剂，原

位于苏州市阊门西街的曹沧洲故居

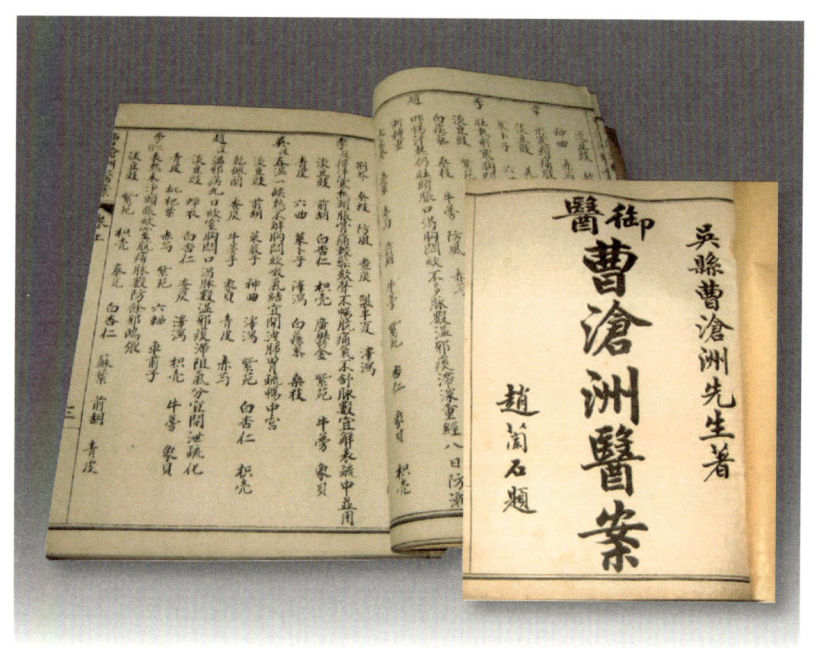

右图：华丽精巧的药柜

左图：民国本《御医曹沧洲医案》书影

先的病症非但没有减轻，反而愈加厉害。

既然找出了症结所在，曹沧洲迅速地开出了他的药方：萝卜籽三钱。这味药开出来后，所有的御医目瞪口呆。曹沧洲自己亲手抓药、煎药，让慈禧太后喝下。慈禧太后喝了萝卜籽熬制的汤药，当夜通了大便，身体立即出现好转。第二天起来之后，慈禧太后就封赏曹沧洲"七品御医"的顶戴。

这个在苏州市井百姓中传得神乎其神的故事，并不见载于任何文献。对于故事的真实性，我们可以暂且不论，但是故事中曹沧洲开方调剂的思路却与其《医案》中的基本套路完全一致，对症下药，注重实效。自打这故事流传开来后，"早吃生姜夜吃卜，郎中先生急得哭"这句民谚在苏州更是被人津津乐道。

工匠大师

——不忘初心青史传

　　苏州自古多能工巧匠，从春秋铸剑的干将、莫邪，到明清木工的"香山帮"，从皇宫的规划建造到私家园林的营造，几千年来，苏州巨匠迭出，工艺门类齐全。清代浙江巡抚纳兰常安在《受宜堂宦游笔记》中赞曰："苏州专诸巷，琢玉、雕金、镂木、刻竹、髹漆、装潢、针绣，咸类聚而列肆焉。……无不极其精巧。概之曰苏作。"自此以后，"苏作"一词广为流传，成为苏州手工艺的金字招牌。

干將莫邪劍

干將莫邪夫婦相傳爲吳
王闔閭時期的鑄劍大師
受命爲吳國鑄劍莫邪以
身投火幫助丈夫鑄成舉
世無雙的寶劍後干將乘
寶劍飛去

干将、莫邪："句吴神冶"的凄美传奇故事

　　"操吴戈兮披犀甲，车错毂兮短兵接。"（屈原《九歌·国殇》）"男儿生世间，及壮当封侯。……少年别有赠，含笑看吴钩。"（杜甫《后出塞》）"男儿何不带吴钩，收取关山五十州。请君暂上凌烟阁，若个书生万户侯？"（李贺《南园》）"落日楼头，断鸿声里，江南游子。把吴钩看了，栏杆拍遍，无人会，登临意。"（辛弃疾《水龙吟·登建康赏心亭》）这些脍炙人口的经典诗篇，充满着豪迈的气概，千百年来一直激励着一代代华夏子孙，而这些名篇都在频繁地提起了一个物件——吴钩！

　　吴钩，泛指古代吴国（今苏州及周边地区）所造锋利精锐的青铜兵器。在春秋战国时期，青铜兵器的铸造水平是左右战争胜负的重要筹码，各诸侯国的兵器铸造技术发展迅速，其中尤以吴越地区最为发达，以精良的制作工艺和合理的形制享誉天下。在诸多工匠之中，最为有名的当数干将、莫邪夫妇，名声最为煊赫的吴地兵刃则首推他们铸造的干将剑和莫邪剑。《吴越春秋·阖闾内传》中就有这样的记载："阖闾即宝莫耶，复命于国中作金钩，令曰：'能为善钩者，赏之百金。'吴作钩者甚众。"

　　干将是吴王阖闾时期苏州千百名铸剑工匠中的佼佼者，他的妻子莫邪则是铸剑鼻祖、越国人欧冶子的女儿。干将与莫邪夫妻俩和吴国所有的铸剑工匠一样，住在苏州城东。该处因工匠聚集而被称之为"匠门"，

或称作"将门"，再后来因音转而讹称为"相门"，一直沿用至今。

关于干将、莫邪其人、其剑的记载，历史上流传着许多不同版本，最广为传诵的则莫过于莫邪投火，以精血炼成宝剑，最终干将乘宝剑飞去的故事。这一说法早在汉代的《吴越春秋》中就有"莫邪断发、剪爪，投炉"这样极为简单的记载，明代苏州文人冯梦龙据此敷衍发挥，在其《东周列国志》中将这一故事演义到了极致。

吴王得知干将出众的冶炼铸造技艺，就命令干将在规定的时间之内，为吴国铸造出削石如泥、举世无双的利剑。为了能够及时复命，干将便四处采集优质的金属矿石，即古人传说中所谓的"五山之铁精，六合之金英"。有了优质的原料，还需要在冶炼时对炉火、炉温有很好的控制，但是经过三个多月的冶炼、锻造，干将始终解决不了一个难题，那就是，采自"五山""六合"的铁精、金英始终不能完全熔化。这期间，妻子莫邪天天陪伴在冶炼炉旁，为干将做各种辅助、帮衬工作，丈夫的苦恼和焦虑，妻子看得明明白白，但她也无计可施。

眼见吴王规定的时限将近，心急如焚的干将不由长长地哀叹了一声，妻子莫邪在一旁听得真切，其实她的心里比谁都着急，如果干将逾期铸造不出大王需要的利剑，定会有性命之忧。一天夜里，莫邪在睡梦中依稀看到了父亲欧冶子，她忽然想起父亲曾经对她说过："人的精血可以熔化铁精、金英。"一时间，莫邪心里已然有了主意……

次日早上，莫邪依然像平日里一样，在冶炼炉边为干将鼓风。忽然，她朝干将微微一笑，说："我们会永远在一起的。"就在干将被这句没头没脑的话弄得一头雾水的时候，莫邪纵身一跃，投身炉火之中，她的躯体随即和熔炉中的金属熔液浑然一体，刹那间，神奇的事情发生了，原先难以熔化的铁精、金英现在已然达到了炉火纯青的地步。看着眼前惊心动魄的这一幕，干将不由得潸然泪下，泪眼蒙眬中，他似乎看到妻子依

越女本需求高名馬
劍殊陰陽渙鼓鑄造
化工不斯填用月考辟長
榕光去理秸長庚同守
秦太乙六竅謹重云神
應陵磓名百兩孔星祥
三人勃體形一丕鋪金鍋
信色氣呆雪湘焗困此生
洋鐵命不藉債池邳
令閏

然在朝他微笑,她的话语依然萦绕在耳边:"我们会永远在一起的。"炉中的火苗在熊熊地燃烧,熔液在翻滚,干将的心中也涌动着一股激流,其中夹杂着伤悲、哀苦,甚至绝望,似乎也有些许的激动和暖意,他深深地知道妻子的良苦用心。带着无比伤怀的感愤,干将含着热泪,一气呵成地完成了浇铸、锻造、打磨等工序,终于铸成两把旷世宝剑。干将一遍遍擦拭着这两把宝剑,在阳光的映照下,逼人的寒气从剑刃上忽闪而过,耳际无数次回响着妻子离世前的最后一句:"我们会永远在一起的。"为了纪念妻子,干将就以夫妇俩的名字为宝剑命名,雄剑名叫"干将",雌剑名叫"莫邪"。

位于相门的干将莫邪铸剑壁画。相门,原叫匠门,工匠聚集之地,据传干将在此铸剑。

　　宝剑铸成之后，干将把雌剑"莫邪"献给了吴王，悄悄地把雄剑"干将"藏了起来。后来，吴王得知其中的秘密，就下令诛杀干将。当吴王派来的士兵把干将团团围住的时候，他打开剑匣，又一次潸然泪下，说道："莫邪，我的妻！我们只有在阴曹地府长相厮守了吗？"话音刚落，只见一道白光从剑匣中冲决而出，顿时化为青龙，腾空而起，干将乘着青龙，升天而去，消失得无影无踪，人们怀疑他已经化作剑仙。就在此刻，吴王身边的"莫邪"宝剑也不知去向。

　　在春秋、战国诸雄争霸的历史大背景中，干将与莫邪铸剑的故事在各国广为流传。就在不断传播的过程中，故事逐步被改编、神化、虚饰，在铸剑的基础上，又增加了"弑君""复仇"等主题，最终串联成各种为

中国老百姓所熟知的民间故事。

　　就单说干将到底为谁铸剑而遭杀身之祸，有说是吴王，还有说是晋王、楚王，更为奇特的是，在汉代的《列士传》《孝子传》以及后来的《搜神记》中，分别有莫邪产子、为父报仇的情节，如果依照"莫邪投火铸剑"的传说，就不可能有产子复仇之事。但这样的故事在汉魏六朝时期确实很是盛行——

　　干将在进献宝剑之前，对身怀六甲的妻子说："我为楚王铸剑，三年乃成。现在我要去进献，大王必定会大怒，而且会杀害我。你如果生的是儿子，等他长大后，你就告诉他：'出户望南山，松生石上，剑在其背。'"干将见过楚王之后，只献出了雌剑"莫邪"，楚王大怒，便杀害了干将。干将和莫邪的儿子长相奇特，"眉间赤"，故名曰"赤鼻"（一说名"赤"）。等到赤鼻长大后，莫邪告诉了他父亲的故事。赤鼻劈石得剑，这就是他父亲干将留下来的雄剑"干将"。自此之后，赤鼻一心想要为父报仇。

　　就在此时，楚王在梦中似乎看到一个长相奇特的男子出现在他的面前，并口口声声说要报仇。楚王旋即下令，悬赏捉拿此人。赤鼻得知消息后，隐遁在朱兴山中避祸，眼看着报仇无望，他的内心无比伤痛，就在山中唱起了悲歌。有一天，一位侠客经过，听到了赤鼻的悲歌，向他询问其中原委。听了赤鼻的叙述后，侠客爽然表示，愿为赤鼻效死报仇，并说道："只是需要赤鼻你的头颅和干将宝剑。"赤鼻毫无犹豫，立刻自刎。侠客带着赤鼻的首级和干将剑觐见楚王，楚王喜出望外，令人把赤鼻的头颅放在铁锅里煮三天三夜。三天之后，赤鼻的头颅竟然不烂！还跳出铁锅，怒目面对楚王，楚王凑近观看，侠客乘势砍下了楚王的脑袋，随即自刎，三颗人头落入沸水中，顿时融而不分，不可识辨。人们就把这一锅汤肉埋葬在汝南北宜春市界，这座坟茔人称"三王墓"。

又过了数百年，《晋书·张华传》中又赋予了"干将""莫邪"宝剑故事以全新的内容——"双剑化龙"。

据说在西晋初年的时候，斗牛之间常有紫气冲霄，张华心知其异，就密请精通星相的雷焕为之占卜。雷焕发现，紫气源自豫章郡（今江西南昌）丰城，乃剑气之精所致。当时张华位高权重，为雷焕谋得丰城县令一职，雷焕到任后就在监狱之下深挖四丈，找到了一个神秘的石函。石函寒光逼人，打开后，只见双剑并列，"剑光芒艳"，分别刻着"龙泉""太阿"的铭文。从此之后，斗牛之间的冲天紫气完全消失。雷焕将其中一把宝剑赠给张华，留下一把自佩。张华得此宝物之后，珍爱无比，

用华阴之土擦拭剑身，详观剑上的文字，发现这竟然是数百年前神秘消失的干将剑。张华明白了，还有一把莫邪宝剑应该在雷焕手中，于是他便写信给雷焕说："莫邪何复不至？天生神物，终当合耳。"

张华死后，干将剑再次下落不明。雷焕死后，莫邪剑传到了他儿子雷华手中。后来雷华到福建出任建安郡从事，当他途经延平县（今福建南平）的延平津时，原本佩戴在腰间的宝剑忽然出鞘，掉入水中。雷华急忙唤人潜入水中取剑，但始终不见宝剑的踪影。就在大家失望之时，湖中腾跃起两条"各长数丈"的蟠龙，一时间，"光彩照水，波浪惊沸"，最终双龙潜入湖底。雷华大声感叹道："张华当年所说双剑终合的预言，终于验证实现了！"

自此以后，福建延平县就有了"剑津""剑浦""镡川""龙津"等别称。在此生活的老百姓还发现，就在双龙消失不久之后，一对外地来的夫妻就定居在了延平津畔，男的打铁，妻子为其扇风、擦汗。夫妻俩技艺精湛，但是他们只铸造农具，却从不铸造有千金之利的兵器。

这些或凄美，或悲壮，或温馨的场景，依然通过神话故事、民间传说、弹词戏曲等各种形式，在苏州口耳相传，直到今天。每当苏州古城华灯初上的时候，登临相门古城墙，干将路、莫邪路交汇于此，而路上流动的霓虹，就像传说故事中青龙腾飞的华彩，似乎在默默地诉说一段曾经的沧桑和凄美……

精純株聖

唐代塑聖楊惠之

早年與吳道子同

門學畫故雕塑技

藝非凡尤善塑壁

與羅漢像

杨惠之:"精绝殊圣,古无伦比"的"塑圣"

在中国文化艺术史上,一个人但凡在某一领域取得举世公认的卓越成就,世人便会给他冠以"圣"的头衔,如"书圣"王羲之、"画圣"吴道子、"诗圣"杜甫、"草圣"张旭、"乐圣"李龟年,至于"兵圣"孙武、"酒圣"杜康、"茶圣"陆羽,也是这样的意思。早在唐代,苏州有这么一位工艺大师,被世人尊为"塑圣",他就是著名的雕塑大师杨惠之。

杨惠之,吴县香山人。在唐代开元年间,他"与吴道子同师张僧繇笔迹,号为画友",两人在画艺上"巧艺并著",不分高下。今天,我们漫步在苏州的甪直古镇上,依然能在历史的遗存中感受到大师的风采和气息。保圣寺是一座千年古刹,寺内最负盛名的则莫过于九尊罗汉,苏州人俗称"半壁罗汉",这些栩栩如生的泥塑雕像,据说就是杨惠之所塑。

历经千年风霜的洗礼,保圣寺内的半壁罗汉风采依旧:或静坐听讲经文,托腮沉思;或金刚怒目,降服猛虎;或似笑非笑,似怒非怒……尊尊罗汉塑像都神采奕奕,其艺术水准早已达到了出神入化的至高境界。无怪乎历代文人墨客对保圣寺的雕像都赞赏有加,元代书画家赵孟頫为该寺题抱柱联曰:"梵宫敕建梁朝,推甪里禅林第一;罗汉溯源惠之,为江南佛像无双。"后来因为种种原因,这些塑像渐渐为人所淡忘,直到

20世纪20年代，被著名学者顾颉刚发现后，才重新引起了学术大家的关注和重视。郭沫若看了保圣寺罗汉塑像之后，大赞杨惠之曰："一代名手，决非溢誉！"

杨惠之的雕塑为何生动传神，在艺术上独树一帜呢？据各种历史文献的记载，这与他早年学画的经历有关。唐代学者张彦远的《历代名画记》中就记载了唐都长安千福寺东塔院中杨惠之所画的《涅槃鬼神像》（《御定佩文斋书画谱》卷四十六引）。后来，吴道子进步神速，"声光独显"，杨惠之耻居其下，于是"焚笔砚，毅然发忿"，决定"专肆塑作"。为了能塑好每一个像，杨惠之非常刻苦用功。据说，他曾在虎丘山麓搭了一间草棚，白天就静坐在草棚中，用心观察水上来来往往的摊贩、船夫的形容、神态，晚上回家就根据白天观察所得，用泥土捏出一个个人像。十个、一百个、一千个，泥人在杨惠之手中渐渐有了灵性……久而久之，杨惠之的泥塑艺术达到了顶峰，他的泥塑人像足以和吴道子的画相抗衡。宋人刘道醇《五代名画补遗》载："能夺僧繇画相，乃与道子争衡。时人语曰：'道子画、惠之塑，夺得僧繇神笔路。'"

至于杨惠之"塑圣"美誉的由来，还有一个流传很广的故事，这在刘道醇《五代名画补遗》中也有记载，故事写得活灵活现，极具传奇色彩。据说杨惠之曾在京兆府为著名演员（倡优）留杯亭塑像。把留杯亭的泥塑像塑好之后，杨惠之又做了一些装点修饰，然后他把这尊自己很得意的泥塑像放置在长安城最繁华的闹市中。泥像面壁而立，来来往往的行人看到这一背影，都误以为是著名演员留杯亭本人来了，自然引起了一片喧哗和骚动。自此以后，杨惠之的名声大噪，世人纷纷称誉他为"塑圣"。

唐玄宗时期，国力强盛，宗教也得到了前所未有的发展，寺庙、道观的建造数量陡增。"塑圣"杨惠之自然为各大寺庙、庵观竞相聘请。据现有的历史文献记载，杨惠之塑造了陕西临潼骊山福岩寺几乎所有的佛像，尊尊"精巧无比"，"妙极纤丽，旷古无俦"；他所塑的洛阳北邙山玄元观老君像，"世称奇巧"。此外还有长安长乐乡北太华观的玉皇尊像、凤翔天柱寺的维摩像、汴州安业寺（即后来的大相国寺）净土院大殿佛像及枝条千佛像等，不计其数。

据《五代名画补遗》记载，河南府广爱寺的五百罗汉像，以及该寺的山亭院、楞伽山等多处佛像，都是杨惠之所塑。杨惠之在塑楞伽山上的佛像前，曾请高僧义净法师为其地诵咒，再加上杨惠之所造佛像法相庄严，使得山间的飞禽走兽以及爬行蠕虫，"悉不敢至山"，"其精绝殊圣，古无伦比"。唐末农民起义中，起义军领袖黄巢几乎把长安、洛阳一带的寺宇焚烧殆尽，唯独看到"惠之手迹，惜其神妙，率不残毁"。这一切都如有神助，无怪乎宋代洛阳首座高僧净显要作诗歌感叹道："灵异

1918年秋，著名历史学家顾颉刚先生来到保圣寺，惊诧于大殿里的罗汉都是「栩栩欲活」的，「或在山巅，或在水涯，或在洞中」，「各人做着各人的事」。在保圣寺大雄宝殿的两根前柱上有一对楹联：「梵宫敕建梁朝推甫里禅林第一，罗汉溯源惠之为江南佛像无双。」大意是，保圣寺建于梁代，两壁的罗汉则是唐代塑圣杨惠之的作品。图为保圣寺罗汉旧影。

不能栖鸟雀，幽奇终不着猨猱。为经巢贼应无损，纵使秦驱也谩劳。珍重昔贤留像迹，陵迁谷变自坚牢。"

正是因为杨惠之的盛名，中原地区不仅多他所塑的佛像，也"多惠之塑山水壁"。这些数量众多的用"塑壁"手法创造的艺术佳构，对后世产生的影响是广泛而巨大的。《御定佩文斋书画谱》卷十二《宋邓椿记画影壁》就讲了这样一件事。宋代画家郭熙在见过杨惠之的山水壁塑之后，深受启发，"又出新意"，创造出"影壁"。郭熙让泥瓦工不用"泥掌"，只用手在墙上抹，形成或凹或凸的立体效果，就在泥还没有干的时候，以墨"随其形迹，晕成峰峦林壑"，再"加之楼阁人物之属"，"宛然天成"，犹如一幅墙上的山水画。

今天寺庙中非常普遍而且很是壮观的千手观音形象，也是源于杨惠之的创造。宋代学者黄震在《黄氏日抄》卷六十五中有详细的记载："杨惠之以塑工妙天下，为八万四千手眼观音，不可措手，故作千手眼。今之作者，皆祖惠之。"

说了那么多，再让我们回到苏州，看看杨惠之塑造用直保圣寺罗汉像的经过。据宋代人龚明之《中吴纪闻》卷一记载，杨惠之受昆山慧聚寺主持长老之托为该寺塑天王像，这尊天王塑像法相庄严，"形模如生"，开光之后，顿时轰动了整个苏州城，善男信女前往膜拜者无数，小小的古镇上摩肩接踵，围者如堵。就在礼拜天王的时候，大家惊讶地发现，天王身旁的两位侍女塑像尤佳，栩栩如生，呼之欲出。传说，这侍女像的原型就是杨惠之少年时候钟情的一位女子，因为倾注了杨惠之太多的情感，所以雕像神形毕肖。慧聚寺天王及侍女塑像是杨惠之雕塑生涯中登峰造极的精品。宋代龙图阁学士徐林在瞻仰过这组雕像后，深有感慨，写下了一篇记，认为杨惠之"此像得塑中三昧，其傍二侍女尤佳"，并且告诫后人："不可妄加涂饰。"但是，就在徐学士写过此文之后不久，

塑像因年久损坏，寺庙请了"一俗工修治，遂失初意"，这不能不说是一大遗憾。这种遗憾从龚明之的《中吴纪闻》一直说到明代王鏊的《姑苏志》，时至今日，我们也就只能在两位前贤的文字中想见杨惠之精妙绝伦的技艺了。

就在杨惠之为慧聚寺造像的时候，与慧聚寺一河之隔的甫里镇（今用直古镇）的保圣寺方丈冷月大师，就多次渡河到昆山境内（当时用直古镇因一河而分属两县），力邀杨惠之为保圣寺塑一堂罗汉。传说，冷月禅师喜荤腥，素有"吃荤和尚"的诨号，杨惠之见其数次前来，盛情邀请，为了考验他的诚意，便对冷月禅师说："你若能戒掉吃荤腥的毛病，我定

保圣寺内杨惠之所塑的九尊塑壁罗汉，虽历经百年沧桑，却仍然保存完好

当为宝刹塑一堂罗汉像。"听到杨惠之这样的回应，冷月禅师不禁面露愧色，但自此之后彻底戒除荤腥。于是，在甪直古镇上，就有了杨惠之堆塑的保圣寺满堂罗汉，保圣寺罗汉塑像也成了杨惠之雕塑艺术的代表作。

唐宋以来，杨惠之的名声享誉天下，直到金代，北方文人赵秉文还在《杨惠之维摩像》诗中盛赞杨氏高超的艺术水准，其中有谓："一默传心已失机，更求形似转成痴。至今遗像兀不语，犹似当初问法时。"时至今日，我们置身保圣寺中，虔敬地面对着一尊尊"兀不语"的静穆塑像时，依然能感受到其艺术魅力扑面而来：不仅有雕塑本身的精美，还有宗教的虔诚安详以及由此带来的崇高感。

指上雲煙

明末造園疊石大師
張南垣有深厚的繪
畫功底融繪畫審美
和筆墨技法于疊石
理水之中深受士大
夫追捧

张南垣：造园叠山，清史第一

清代康熙年间的大学士、著名学者张英来到苏州，苏州园林中的"张氏之山"给他留下了极为深刻的印象，于是他在组诗《吴门竹枝词》中写道："一自南垣工累石，假山雪洞更谁看？"还在诗下作自注曰："张南垣工累石，不为假山雪洞而自佳。"在张英看来，但凡欣赏过明末造园艺术大师张南垣营造的园林、堆叠的土石假山之后，就再也不会随大流、人云亦云地去称赏世俗流行的全石假山雪洞了。

从籍贯上来说，张南垣是淞江府华亭县人，他的家就在华亭县西门外。但华亭县在清代顺治十三年（1656）进行了区划调整，将原来的华亭县一分为二，东部为仍称华亭县，西部析为娄县，故也有史料称其为娄县人。所以说张南垣并不是苏州府人，但作为晚明时期著名的造园艺术大师，他在苏州地区的活动极多，也留下了许多经典的作品，清初大儒黄宗羲在《张南垣传》中就有这样的记载："三吴大家名园，皆出其手。"毫无疑问，张南垣是明清时期公认的苏式园林营造和假山堆叠的代表性人物，大概正是这层原因，无怪乎包括张英在内的很多人都把张南垣视作苏州的艺术大师。

明神宗万历十五年（1587），张南垣出生于松江府的一个普通的平民家庭。幼年时期的张南垣就表现出绘画方面的天赋，他拜松江著名画家董其昌为师，勤奋刻苦的临摹练习，使得张南垣很快就在画事上不仅尽得老师董其昌的笔法，亦"为倪云林（元代画家倪瓒）、黄子久（元代画家黄公望）笔法"。平日里，张南垣喜爱漫步、徜徉在山水中，师法自然，从中汲取灵感，因而他的山水画"四方争以金币来购"。

在绘画上小有名气的他似乎并不满足于此，有一天，他忽有所悟，说道："绘画艺术上讲究的皴法笔法以及构图的向背，为何不可以通用在叠石上呢？绘画上所讲究的起伏波折的技巧，又为何不能通用于堆土呢？"于是，他开始进行大胆的尝试，将绘画艺术的审美观和笔墨技法统统借用到园林营造和假山的叠石堆土上。奇迹发生了，张南垣别出心裁的构思和意境，巧夺天工，就好似用土石在人间描绘出一幅幅隽永的山水画。张南垣在园林中通常喜欢施以"平冈小坂，陵阜陂陁"，在其间错落有致地布置些山石，然后"缭以短垣，翳以密筱"，作为整个园林景观的点缀。这完全改变了过去园林假山堆叠"气象蹙促"，"皆不通于画"的弊病，清初大儒黄宗羲在《张南垣传》中称赞张南垣的假山得"荆浩之自然，关仝之古淡，元章（宋代画家米芾）之变化，云林（元代画家倪瓒）之萧疏"，人在园中，完全有身临真山真水的感觉。这就是清初著名文学家戴名世在《张翁家传》中所谓的"君治园林有巧思，一石一树，一亭一沼，经君指授，即成奇趣，虽在尘嚣中，如入岩谷"也。自此以后，张南垣的声名鹊起，于是便出现了这样的局面："群公交书走币，岁无虑数十家。有不能应者，用为大恨"；"诸公贵人皆延翁为上客。东南名园，大抵多翁所构也。"

在长期的实践中，张南垣的技艺与日俱增，"土石草树，咸能识其性情"。所以每每他着手营造的时候，在旁人看来，施工现场完全是"乱石如林，或卧或立"，但是张南垣却成竹在胸，不慌不忙。其实就在他"踌躇四顾"的时候，已然想清楚了主峰和客脊的关系，大磐和小礐的

搭配。等到施工的"役夫"到来后，张南垣在谈笑间随手指授：某棵树下的某块石头，可以放置在某某位置。役夫们按照张南垣的指点，不假斧凿，转瞬间，精妙绝伦的山水意境就呈现在世人面前，天下遂"以此服其精"。

　　张南垣由绘画转而从事园林的叠山理水，大约是在万历末年。明神宗万历四十七年（1619）至明光宗泰昌元年（1620），他为太仓王时敏家族营造的乐郊园就是他早期的代表作。王时敏是明清时期著名的画家，清初"四王"之一，对张南垣的叠山艺术也是赞赏有加，他在《乐郊园分业记》中就曾说道："乐郊园者，文肃公芍药圃也。己未之夏，稍拓花畦隙地，锄棘诛茅，于以暂息尘鞅。适云间张南垣至，其巧艺直夺天工，怂恿为山甚力。吾时正少年，肠肥脑满，未遑长虑，遂不惜倾囊听

之。因而穿池种树，标峰置岭。庚申经始，中间改作者再四，凡数年而后
成。""巧艺直夺天工"，这是何等的评价！要知道，王时敏可是当时画
坛的领军人物，他的一言足以让张南垣身价倍增。更何况此后，王时敏
又先后数次聘请张南垣为他修建了南园、西田，以实际行动证明了他对
张南垣的肯定。

　　江南文豪钱谦益是一位学富五车的才子，他非常欣赏张南垣的技
艺，曾邀请张南垣为他在常熟虞山西麓的拂水岩下设计、建造了著名
的江南园林——拂水山庄。所以在崇祯九年（1636），张南垣五十岁的
时候，钱谦益给他写了两首诗——《云间张老工于累石，许移家相依赋
此招之二首》。在这两首诗作中，钱谦益不吝赞誉之词称颂张南垣超群
的技艺，"百岁平分五十春，四朝阅历太平身。长铲短屐全家具，绿水红

常熟尚湖拂水山庄

楼半主人"（其一），"不是寻花即讨春，偏于忙里得闲身。终年累石如愚叟，倏忽移山是化人"（其二），并且还在诗中约请张南垣明年再赴常熟，为他继续营缮园林，"明年肯践南村约，祭灶先需请比邻？"

　　就在张南垣五十岁生日的时候，江南的文人士大夫纷纷写诗祝贺他，向他大献殷勤。退居家乡养老的松江籍工部郎中李逢申让他的儿子李雯代他写了祝寿诗《赠张卿》："海上张卿善丘壑，作使顽石为云烟。开峡岂须巨灵掌，驱山不用秦皇鞭。能知画理更绝倒，荒丘数日成林泉。""五十何妨作少年，杨柳春风桑落酒。世上称君黄石公，他年或作驱羊叟。"李雯在诗歌的最后，化用了黄石公叱石为羊的典故，来比喻张南垣在营建园林、堆造假山时的游刃有余。这样的盛况和礼遇，在古代社会中应该是极为少见的，要知道，张南垣只是一介工匠而已，若非真有

绝技在身，一向自视清高的士大夫又何以会折服于一介平民工匠？

　　然而，面对钱谦益的盛情邀请，张南垣却并没有到常熟与这位文坛宗主比邻而居，并为他再度兴修园林。其中的原因，大概是缘于次年钱谦益受诬告入狱——崇祯十年（1637）闰四月，常熟人张汉儒受温体仁的指使，诬告钱谦益贪肆不法，钱谦益因此被逮捕入狱。张南垣的常熟之行也旋即宣告流产。

　　就在此后不久，张南垣应嘉兴富商吴昌时的邀请，迁居浙江嘉兴，为吴氏在南湖西北营造私家园林。松江文人陈继儒得知这一消息之后，感到十分惋惜，于是就写了《张南垣移居秀州赋此招之》一诗赠给张南垣，动之以情，想招请他回乡，留在松江营造园林。在诗中，陈继儒对张南垣这位叠山造园的巨匠给予了很高的评价，其中有曰："南垣节侠流，慷慨负奇略。盘礴笑解衣，写石露锋锷。指下生云烟，胸中具丘壑。五丁紧追随，二酉顿开凿。穿池浪有声，种树势相擭。亭榭多回环，鱼鸟欲飞跃。江东园主人，见之俱小却。闲载米家船，懒入郗公幕。君赋归来手，醉跨华亭鹤。"面对老友的呼唤和招请，张南垣依然选择了"退老于"嘉兴的"鸳湖（即著名的鸳鸯湖）之侧"，"结屋三楹"，安静地走完了自己近九十年的人生旅程。故而，也有古籍称张南垣为嘉兴人。而好友陈继儒到死都期盼着大师的回归，写了这首招请诗后不到两年，他带着无限的遗憾离开了人世。

　　经过不到一年的时间，张南垣就完成了吴氏园林勺园（又称"南湖渚室""竹亭湖墅"）的建造。张南垣在勺园的设计和建造中，把借景的手法用到了极致，嘉兴南湖的山光水色都尽数被引到园中。清初著名诗人朱彝尊曾在《鸳湖曲》一诗中描写勺园盛时的景况，园中登临，就可以欣赏到鸳鸯湖的浩渺和周边的旖旎春色，其中有谓："鸳鸯湖畔草黏天，二月春深好放船。柳叶乱飘千尺雨，桃花斜带一溪烟。烟雨迷离不知处，旧堤却认门前树。树上流莺三两声，十年此地扁舟住。主人爱客锦筵开，水阁风吹笑语来。画鼓队催桃叶伎，玉箫声出柘枝台。"

经过张南垣的精心构思与营造，勺园建成后，立即引来了南来北往的人驻足流连，称赞不断，其中不乏王公贵胄，更有许多文人墨客。特别引人注目的是钱谦益、柳如是在勺园情定三生的佳话。崇祯十三年（1640）春，江南名妓柳如是因病来嘉兴休养，就寄居在吴氏勺园中。在这一年的十月，文坛宗主钱谦益游嘉兴南湖，与柳如是一见如故，写下了著名的《题南湖勺园》诗，其中有曰："楼上何人看烟雨，为君枝策上溪桥？"一个月之后，就有柳如是前往常熟访钱谦益于半野堂的风流韵事。次年的正月，钱柳二人同往嘉兴，钱谦益写下了题赠柳如是的名作《有美一百韵，晦日鸳鸯湖舟中作》。所以，陈寅恪先生在《柳如是别

嘉兴南湖烟雨楼旧影

传》中说："河东君之访半野堂亦预定于此时。职是之由，勺园一地乃钱柳因缘得以成就之枢纽，牧斋不惮一再赋诗，殊非偶然。"虽然请张南垣到常熟建园的计划落空，但在其建造的勺园得柳如是这一人生佳偶，又何尝不是钱谦益的人生大幸！

到了清代顺治十三年（1657），宋代文学家秦观的后裔秦德藻慕名，还想延请年过古稀的张南垣出山，为无锡秦氏家族的名园寄畅园重新设计改造。张南垣指派他的得意弟子、侄儿张钺（字宾式）操刀。在他的精心指授下，张钺以精巧的叠石点缀园景，并将惠山的泉水引入园中，曲溪涔涔，极有诗情画意。经过张南垣叔侄的重新营造，寄畅园可谓旧貌换新颜，声名远播，也迎来了它的辉煌时期，四方文士无不以登临惠山、徜徉寄畅园为人生一大快事。就连康熙、乾隆也对这座江南私家园林青睐有加，祖孙俩每次下江南的时候都驻跸于此，且次次都流连忘返。后

无锡寄畅园

来乾隆帝还令画师照本描绘，在北京的清漪园（今颐和园）照此蓝本仿造了一座惠山园（今谐趣园）。

张南垣以园林营造、山石堆叠之艺，"游于江南诸郡者五十余年。自华亭、秀州（嘉兴）外，于白门（南京）、于金沙（金坛）、于海虞（常熟）、于娄东（太仓）、于鹿城（昆山），所过必数月"，故而他一生参与建造的园林和堆叠的假山很多。综合各种历史文献的记载，除了上述太仓王时敏的乐郊园、南园、西田，常熟拂水山庄以及嘉兴勺园诸园外，还有一些园林也为人所津津乐道，其中包括：太仓吴伟业的梅村；吴县席本桢的东园；松江李逢申的横云山庄；嘉定赵洪范的南园；嘉兴朱茂时的放鹤洲；徐必达的汉槎楼，等等。至于附会其名的，更是不计其数。

张南垣不但擅长园林营造和假山堆叠，还擅长苏式盆景。据明末清初文学家曾灿（1622—1688）的《过日集》卷六《吴之振、宋石门画辋

《寄畅园图咏册》为近代无锡籍画家、收藏家秦淦临作，共十六开，本书所选为第三开《清籞》、第四开《云岫》、第八开《涵碧亭》、第十开《环翠楼》、第十四开《含贞斋》

川图注》记载："郡人张南垣堆土垒石为假山，高下起伏，天然第一。又妙作盆池小山，数尺中岩岫变幻，溪流飞瀑，湖滩渺茫，树木翁郁。点缀寺宇台榭，石桥墓塔，颓墙败阑，皆一一生动，令观者坐游终日不能出，亦从来所未有。"这样的记载也见于浙江诗人吴之振的《再咏辋川图次韵》诗及其诗注。

张南垣去世以后，他的子孙继承他的衣钵，"世业百余年未替"。张南垣有四个儿子，皆能传承其父的造园、叠山艺术，其中尤以次子张然（字铨侯，号陶庵）和三子张熊（字叔祥）最为有名。

张然曾在康熙年间两度供奉内廷，成为皇家园林的总设计师和建造师。他先后担任了皇家诸多园林的规划设计和造园叠山，其中最著名的当数中南海瀛台、畅春园以及玉泉山静明园。因而，张然深得皇家的恩宠，不仅赐宅西城，还特许他奉肩舆出入，荣宠盛极一时。一时间，京城中的王公贵胄也纷纷延请张然为自己营造园林，其中影响最大的则莫过于山东益都人、大学士冯溥的万柳堂以及弘文院学士王熙的怡园。此

后，张然的儿子张淑（字玉叔）又继续供奉内廷，当时京城中就有"山子张"的美誉。

张南垣在造园艺术具有巨大而深远的影响，他的实践经验不仅在家族中传承，而且对其同时代的计成、文震亨等人的造园艺术思想都产生过很大的影响。他"因形布置，土石相间"的做法，"高下起伏，天然第一"的特色，"宛然天开"的艺术风格，无论是计成的《园冶》，还是文震亨的《长物志》，都有所体现。直到清代嘉、道年间，常州的造园叠山大家戈裕良，依然秉承了张南垣师法自然、追求天然的艺术理念，无怪乎著名学者洪亮吉在给戈氏的诗中要说："张南垣与戈东郭"，"三百年来两轶群"。

张南垣以一介平民布衣，因卓越的造园艺术成就而深得文人雅士、达官贵人的称赏，也因此而列名正史，在《清史稿·艺术列传》中占据了第一把交椅，这不能不说是中国造园艺术史上的奇迹！

张南垣不但擅长园林营造和假山堆叠，还擅长苏式盆景

室者天開

明末造園大師計
成的設計深其文
人氣息在江南一
帶創造了許多園
林杰作并將經驗
總結成園冶一書

计成：三百年后"出口转内销"的造园大师

计成，字无否（音fǒu），号否（音pǐ）道人，明万历十年（1582）出生于吴江（今苏州吴江区），是明末著名的造园艺术大师，在当时声名显赫，可谓无人不知，无人不晓，他撰写的《园冶》是世界艺术史上最早的园林艺术理论著作。但是在崇祯八年（1635）以后，这样一位声名卓著的造园艺术大师却一下子"人间蒸发"了，而且消失得无影无踪。直到三百年之后，随着《园冶》一书从日本"出口转内销"回到中国，计成才又一次进入到国人的视野中，大家不禁惊讶于三百年前的苏州竟然还有这样一位世界级的艺术大师！

到底是什么原因导致这般离奇事情的发生呢？我们不妨一起进入到计成传奇的一生，看看他的艺术成长之路，再看看他是如何神奇地"人间蒸发"的。

明清之际的吴江计氏家族人才辈出，多有诗文书画皆善的才俊之士，诸如计从龙、计达章、计东。计成就出生在这样一个文化氛围浓郁的家庭中。虽说到计成出生的时候，家道已经中落，但是诗文书画作为传统士大夫的必备修养，计成也是自幼研习稔熟的，而且他的诗文书画水平并非等闲之属，在当时也是有一定的社会认知度的。他自己后来就在《园冶·自序》中说："不佞少以绘名，性好搜奇，最喜荆浩、关仝笔意，

右图：环秀山庄黄石假山

左图：计成像及他撰写的世界艺术史上最早的园林艺术理论著作《园冶》

每宗之。"这一说法在当时是得到普遍认可的，以艺术修养高而著称的权臣阮大铖就曾读过计成的诗歌作品，并在读后题诗称赞道："无否东南秀，其人即幽石。……有时理清咏，秋兰吐芳泽。"阮大铖后来还在为计成《园冶》所作的《冶叙》中呼应曰："（计成）所为诗画，甚如其人。"

大约在天启年间（1621—1627），计成步入人生的中年时期。在此期间，计成有过一段时间较长的漫游经历，据他自说，"游燕及楚"，游踪遍及大江南北，这让计成有机会饱览大江南北的山川丘壑。计成此番出行的目的，是为了"业游"。所谓"业游"，就是因生计所迫，外出谋生的意思。至于他的谋生之业，估计应该是在各级衙署充当幕僚一类的文职工作。在"历尽风尘"之后，计成最终选择归还吴地。

在返程中途经润州（今江苏镇江）时，有一天，很偶然的机会，计成看见一位好事者采办了不少造型奇特的山石，将它们运到竹林之中，堆置成假山。看到后，计成不觉为之一笑，这笑声惊动了主人，就问他："您为什么笑呢？"计成莞尔："听说既然世上有真山，就必然有假山。为什么不模仿真山的形态来堆叠假山呢？而偏偏要仿照老百姓在迎接山林之神勾芒时那样，用拳头大小的石头杂乱堆垛而成呢？"主人就问道："莫非你能之乎？"在主人的邀请下，计成开始了平生第一个园林的营造。因为有扎实的山水画功底，计成在假山的堆叠和园林的营造上，融入了非常浓郁的文人画气息，意境优美。经过计成的拾掇之后，原先并不起眼的园子顿时洋溢着非凡的神采，见者无不叹曰："俨然佳山也！"

于是，计成的名声"遂播闻于远近"（计成《园冶·自序》），江南名门望
族邀约纷纷，计成的园林营造之路自此开启。

　　首先拦道盛情延聘的是常州武进人吴玄（字又予）。吴玄在常州城
东买了一块地，早在元代的时候，这里是相国温国罕达的宅院，占地十五
亩。吴玄请计成到了常州，就对他说："在这十五亩土地中，十亩用于建
造宅子，还有五亩地，想请先生按照宋代司马光独乐园的体制和格局进
行设计、建造。"计成勘察了周边的地形，发现这块地的地势较高，又有
高耸的树木，而水源却在低洼之处，所以他觉得此处不适宜堆叠假山，

古代建造园林的模型

反而应该向下挖土，使得地形有更大的落差和起伏，并让原先的树木错落有致地分布在山腰。经过计成的巧妙设计和布局，高耸处"蟠根嵌石，宛若画意"，依水之畔，"构亭台错落池面，篆壑飞廊，想出意外"。园子造好以后，主人吴玄兴奋异常，对计成说："虽然此园不大，从进园到出园，只不过四百余步，但是江南之胜，惟吾独收矣！"

常州吴氏园囿之成功，更让计成名声大噪。崇祯初年，扬州人汪士衡请计成到扬州，为其兴造寤园。经过一年多的努力，到崇祯五年（1632），寤园建成，"或蟠山腰，或穷水际，通花渡壑，婉蜒无尽"（计成《园冶·屋宇》），意境幽雅深谧，"与又予公所构（常州吴玄的园林）"隔江而望，"并骋南北江焉"。安徽当涂人曹履吉（字元甫）在游赏之后，写诗大赞道："斧开黄石负成山，就水盘蹊险置关。借问西凉洪谷子，此图何以落人寰？"

就在为汪氏造园的时候，计成觉得自己这些年来造了不少园子，有很多经验值得总结，若不记录下来，"亦恐浸失其源"，于是就利用造园的间歇，在汪士衡家中的扈冶堂开始了写作和图稿的绘制。计成在《园冶·兴造论》中明确说道，此举的目的，完全是为了将自己的心得和体会公之于众，所谓"聊绘式于后，为好事者公焉"。书稿完成之后，计成将它起名为《园牧》。曹履吉来到扬州，读过之后，"称赞不已"，有曰："荆、关之绘也，何能成于笔底？"赞叹良久，又说，"斯乃君之开辟"，"千古未闻见者"，并建议将书名由《园牧》改为《园冶》。

一年以后，也就是崇祯六年（1633），计成应好友郑元勋之邀，再次来到了扬州，为郑氏建造园林。计成非常了解这位扬州乡绅的心思，他一年多的工作得到了主人的高度赞扬，郑元勋在《影园自记》中这样说道："吴友计无否善解人意，意之所向，指挥匠石，百不失一，故无毁画之恨。"不但"无毁画之恨"，更有锦上添花之作，计成巧妙地运用借景

的手法，把扬州郊外的蜀冈以及瘦西湖畔的山光水影借到园中来，大大
丰富了园中的景致。后来，著名画家董其昌来到郑元勋的园中，觉得人
行园中，美不胜收，集柳影、水影、山影于一园之内，遂手书"影园"二
字，作为此园的名字。后来，影园毁于战火兵燹之中，但影园一直被公认
为"扬州第一名园"，是扬州园林史上一个不可复制的神话。

　　计成在常州、扬州等地营造的园林几乎个个都成为一时之经典，自
然引起了朝中重臣的瞩目。阮大铖知道后，也想请计成到南京为其营建
私家宅。阮大铖是魏忠贤阉党的羽翼，其人品一直为清流所不齿。计成
作为一名以造园谋生的匠师，面对阮大铖之邀，传食朱门也实属无奈，
他在《园冶·自识》中不无伤感地长叹道："生人之时也，不遇时也。……

扬州第一名园——影园，图为其遗址公园效果图

惟闻时事纷纷，隐心皆然，愧无买山力，甘为桃源溪口人也。"经过计成的精心设计和监督施工，阮大铖的石巢园终于建成了，一时间也成为南京的地标。平心而论，阮大铖对计成营造技艺的称道，是完全发自内心的，尤其当他读了《园冶》这部书稿之后，更是拍案叫绝，不仅提笔为之作序，更出资将这本书稿出版刊行，时值崇祯八年（1635）。

《园冶》刊行出版之后，社会动荡不断，不久又明清易代，家园巨变，计成亦不知所终。更为令人扼腕的是，因为计成和阮大铖有过一段交往的经历，再加上《园冶》卷首有阮氏之序，《园冶》一书在有清一代被列入禁书，除了李渔在《闲情偶寄》中偶有提及，一直鲜为人知。

直到20世纪30年代，距《园冶》出版三百年之后，藏于日本内阁文库的《园冶》崇祯原刊本才被介绍到中国，一位被雪藏、隐匿了三百年的艺术大师及其伟大的论著终于强势回归。现在我们终于可以在《园冶》骈散兼行的文艺小品文字中，尽情领略计成对园林艺术的理解以及绵长的古典文学情韵。他提出的一些重要观点，如"借景"乃"林园之最要者"，以"巧于因借，精在体宜"为原则，力求创造"虽由人作，宛自天开"的境界，无不深深地影响着中国古典园林艺术发展的方向，也日益引起世界园林艺术研究者的高度重视。

右图：拙政园的借景
左图：造园艺术家计成故居

真世世鬲

晚明制瓷大師周
丹泉擅長精仿古
瓷器雅俗共賞深
受世人喜愛他燒
制瓷器的窯口被
盛稱為周窯

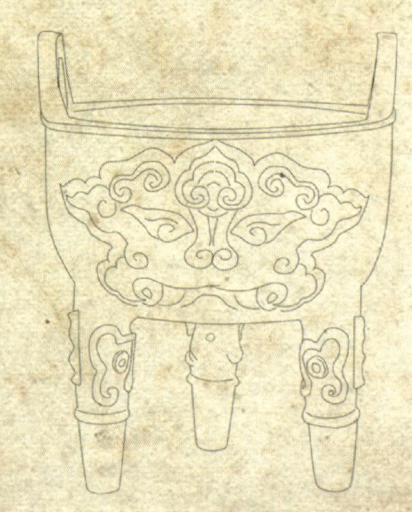

周丹泉:"咄咄逼真"的仿古制瓷大师

自古以来,艺术收藏者对仿品、赝品无不深恶痛绝,然而晚明时期苏州制瓷艺术大师周丹泉所制的精仿古瓷器物,以其高超、精湛的技艺而深得世人之赏誉,他烧制瓷器的窑口甚至被人盛称为"周窑"。清代学者蓝浦、郑廷桂将他列为中国古代陶瓷史上的名家,在他们所著的《景德镇陶录》中有这样一段记述:"周窑,隆万中人,名丹泉,本吴门籍,来昌南造器,为当时名手,尤精仿古器,每一名品出,四方竞重购之。周亦居奇自喜,恒携至苏、松、常、镇间,售于博古家,虽善鉴别者,亦为所惑。有手仿定鼎及定器,文王鼎炉与兽面戟耳彝,皆逼真无双,千金争市,迄今犹传述云。"

周丹泉,名时臣,字时道,丹泉为其别号,以号行世。吴门(今江苏苏州)人氏。自幼诵习诗书,喜书画,且有较深的造诣。他的书画作品受到一些文人雅士的赞许,当时就有"经事苍秀,追踪德迹"这样的评论。虽然也曾任奉议大夫、同知河南卫辉府等职,但是周丹泉终究还是无意于机钅丛生的仕宦之路,甚至视之如"儿戏",他在自题小像中就有过这样的自我表白:"曾读父书非混世,也随儿戏漫登场。"

明代隆庆、万历年间,周丹泉痴迷上了制瓷艺术,于是他背井离乡,前往江西学习瓷器的烧造。周丹泉的勤奋好学,再加上他深厚的文化修养和书画功底，使他的瓷器作品极具古朴典雅的气息，因而周丹泉本人也很快在景德镇众多窑工和制瓷艺人中脱颖而出。周窑所烧制的仿古瓷成为当时最受热捧的产品，在苏州、松江、常州、镇江、杭州、湖州、嘉兴等地尤甚，深得藏家喜爱。晚明时期杭州籍大收藏家高濂在其《遵生八笺》卷十四中谈论到定窑的时候，竟然认为周丹泉仿制的定窑瓷在艺术上绝不逊色于定窑的工艺："近如新烧文王鼎炉、兽面戟耳彝炉，不减定人制法，可用乱真。"关于周窑仿制古瓷，因其精美绝伦，咄咄逼真，还流传着这样的一个传奇故事。

话说明代嘉靖年间，说起常州府最大的文化世族，自当首推唐氏。抗倭英雄、著名学者唐顺之的儿子唐鹤徵（号凝庵）素负博雅之名，从镇江靳氏后人手中购得宋代定窑所产白色瓷鼎。唐氏家族收藏的奇玩珍宝可谓积案盈箱，但自从得此定窑白瓷鼎后，其他藏品都黯然失色，定窑白鼎顿时成为唐家的镇宅之宝，且海内品评定窑瓷器者，也都首推唐鹤徵家中所藏的这件宝物。

周丹泉与唐鹤徵素有交情。有一次，周丹泉从苏州金阊水码头出发，沿运河北上，途经常州时，顺道到唐府拜谒老友唐鹤徵。他此番到唐府拜访的主要目的便是一睹定窑白鼎的风采。再三请求之下，周丹泉终于见到了这件旷世珍品。他反反复复地摩挲着这件瓷鼎，嘴上啧啧称赞，同时用双手悄悄地度量着鼎的尺寸，并暗暗把鼎上的纹饰摹在纸片上，旁边的人丝毫没有觉察。

半年过后，周丹泉从景德镇回苏州，再次来到常州，拜访唐鹤徵。忽然，他从自己的袖中取出一个白瓷鼎炉，对老友说："半年前在您家中见到定窑白瓷鼎炉，如今我也得到了一个。"唐鹤徵看到之后，大吃一惊，就拿出自己家藏的那只宝贝和周丹泉的比较，居然款式、纹饰毫厘

《芦塘游鸭》扇面 清·周丹泉绘

不差，又把周丹泉的那只鼎放入自家装宝贝的锦盒中，居然也严丝合缝。唐鹤徵便惊奇地问："您是从哪儿得到这一宝物的？"周丹泉平静地说道："实不相瞒，半年前，在您府上借观白定鼎，我用手度量器物的形状以及大小轻重，回去以后，我就完全按照府上所藏宝贝的原样仿制而成。"唐鹤徵叹服不已，花四十金买下了周丹泉所制的这只仿品，藏在家中，作为副本。

到此为止，这个故事似乎应该结束了，但在清代学者姜绍书《韵石斋笔谈》的记载中，这还只是开头。至于后来的故事，《韵石斋笔谈》的记载越发传奇。由于常州唐家所藏定窑白瓷鼎的名声太盛，天下不知有多少名宦大僚、富商巨贾垂涎于此。到了万历末年，淮安有一名富商杜九如，倚恃

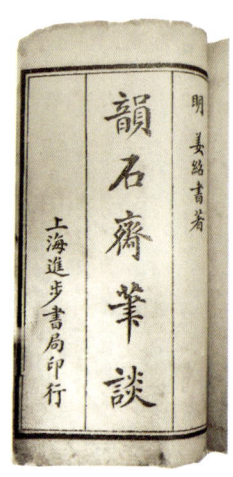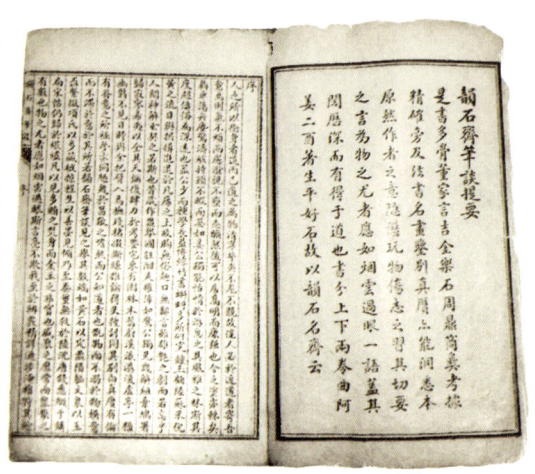

家财丰厚，特别喜欢罗致奇珍异宝，出累千金亦在所不惜。他先后购求到董其昌收藏的汉代玉章和刘海日收藏的商代金鼎，一直以得不到唐氏的定炉为人生最大的憾事。为此，他曾专程到常州拜访唐鹤徵的孙子唐君俞，并承诺愿以千金为寿，只求能一睹定窑白鼎的风采，以慰生平。唐君俞拿出周丹泉的仿品，这位富商激动无比，连连说"平生得未曾见"，并一定要以千金之价强行购得。在富商的软磨硬泡下，唐君俞只得听任富商将周丹泉的仿品带走。

　　唐君俞是一位谦谦君子，尚侠气，居心仁厚，生平从不做昧心之事，所以就派家人对富商杜九如说："我家主人一直秉承祖训，不敢轻易把定窑瓷鼎示人，您所见到的只是仿品而已。现在您以千金之价购得仿品，我家主人甚是愧疚，所以愿意退回千金。"富商反而以为唐氏借口悔约，持之愈坚，连所得的仿品也不肯拿出来了。唐君俞在百口莫辩的情形之下，只好亲自带上真品与仿品进行比照并观，富商才相信唐氏所说的

事情，但他还是坚持留下了周丹泉的仿品。

杜九如死后，就连杜家所藏的周丹泉仿品白定鼎也成了很多人争夺的宝物，此后的曲折故事《韵石斋笔谈》中还有很多，读者自可参阅。最为遗憾和可惜的是，周丹泉这件仿作定窑瓷器的精品经过多次转手，遭到损坏，最终被沉于钱塘江中。

周丹泉还将中国传统的篆刻艺术和制瓷工艺相结合，以白垩土制成印章，刻上印文，并且印章多以各种辟邪的纹案，或是龟、象等祥瑞之象为印纽，最后经过窑炉高温烧

左右图：位于苏州市平江路惠荫园中有「小林屋」水假山，为叠山名家、画家周丹泉仿太湖洞庭西山林屋洞设计

制而成。据晚明时期著名学者陈继儒《妮古录》中的记载，说"吴门丹泉周子，能烧陶印，以垩土刻印文，可辟邪。龟、象、连环瓦纽，皆由火范而成"，他的陶制印章，不仅印章的外观"色如白定"，而且印文也颇为古朴。

周丹泉的艺术成就还不仅仅局限于制瓷艺术，据《吴县志》记载，他还精于绘画，且将绘画的功力融注到园林营造之中。晚明时期著名文学家袁宏道、江盈科分别在万历二十三年（1595）和二十年（1592）到苏州担任地方官，他们就深为周丹泉的园林营造技艺所折服。周丹泉曾在苏州设计、营造了后乐堂，园中的假山奇崛壮美，大有普陀山、天台山的

神韵，无怪乎江盈科要在《后乐堂记》中这样写道："径转
仄而东，地高出前堂三尺许，里之巧人周丹泉，为叠怪石，
作普陀、天台诸峰峦状。"袁宏道则更是把周丹泉叠山理水
的园林营造技艺列入《园亭纪略》中，说经他营造的园林，
极具山水画境，正所谓："玲珑峭削，如一幅山水横坡画，
了无断续痕迹，真妙手也。"

　　另据晚明时期浙江嘉兴的大收藏家李日华的记载，周
丹泉还精于制砚。李日华盛赞周丹泉制作的砚台"极有巧
思，敦彝琴筑，一经其手，则毁者复完，俗者转雅，吴中一时
贵异之"，其价堪比黄金。在其所著《味水轩日记》中，李日
华还详细描绘了他所见到的周丹泉制"鞭竹麈尾砚"，直叹
此物"真异物也"。

　　像周丹泉这样在晚明时期叱咤风云的一代艺术大师，
在今日早已是鲜为人知，我们似乎也无缘一睹这位传奇大
师的艺术风采。这一切只缘于他存世的作品数量极少，且深
藏宫禁府库，世人自是难得一见。据《景德镇志》记载，故
宫中原藏有周丹泉所制的一件娇黄锥拱兽面纹圆鼎，清末
时曾远渡重洋，在伦敦中国艺术国际展览会上展示。此鼎
现珍藏于"台北故宫博物院"，这件藏品可能是苏州历史上
极富传奇色彩的制瓷艺术大师周丹泉唯一存世的作品。此
鼎通体施以娇黄色釉彩，色泽鲜明透亮，鼎高16厘米，口径
13.3厘米，圆鼎式炉身，口沿饰有双立耳，底接管状三足，
足壁饰泥条。炉身前后饰以饕餮兽面纹，间饰金钱纹和花
卉，鼎底的款识为"周丹泉造"。

周丹泉款娇黄锥拱兽面纹鼎

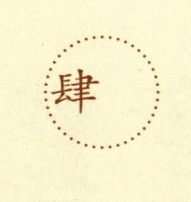

宗教巨哲

——忠孝艺文为修行

自东晋以还，苏州的宗教文化，尤其是佛教发展迅速，出现了支遁、竺道生这样的著名高僧大德，对佛教的本土化进程做出了巨大贡献。宗教文化在苏州长盛不衰，清代的弘储继起融会儒佛，主张"以忠孝为佛事"；吴历游弋于佛教、天主教之间，成为早期天主教华人教士的代表；清末的大休，更是将佛教与文学、书画、古琴艺术集于一身……如此种种，无不表现出吴地文化的兼容并蓄和风雅情怀。

頑石點頭

晋代高僧竺道
生主張佛性人
人本有他才學
極佳傳說他在
虎丘說法時曾
令頑石點頭

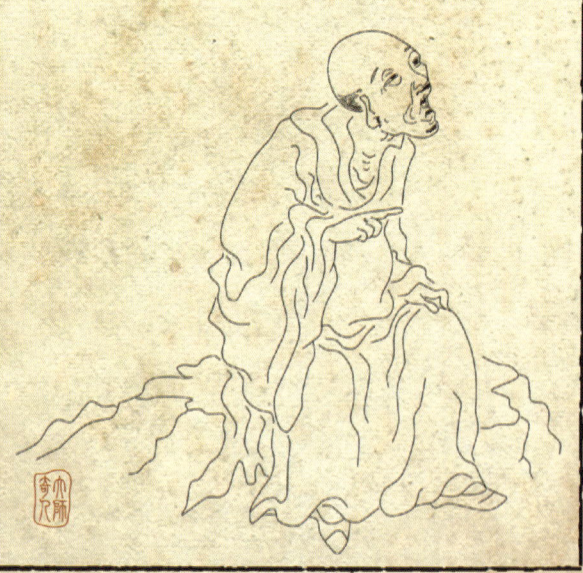

竺道生:"当年说法千人坐,曾见岩边石点头"

在佛教传说中,"天降法雨""天降花雨"之类的故事,无不是对高僧佛学造诣的最高赞美。传说在南朝的梁代,云光法师在南京郊外讲经说法,感动上苍,落花如雨,花雨落到地面就成为绚烂多彩的雨花石。这样的故事,在苏州的佛教史上也不乏其例,其中最著名的则莫过于竺道生说法虎丘千人石,使顽石点头的故事。宋人杨备在其《千人坐》诗中曾写道:"海上名山即虎丘,生公遗迹至今留。当年说法千人坐,曾见岩边石点头。"

生公是世人对晋代高僧竺道生的尊称。竺道生出生于巨鹿(今河北平乡)的一个官宦世家,俗姓魏,后寓居彭城(今江苏徐州)。幼年的他即跟随竺法汰在南京出家,法号道生。法汰是来自天竺(今印度)的高僧,以"竺"为姓,所以道生亦从师之竺姓。竺道生聪颖好学,"是以年在志学(十五岁),便登讲座"。生公讲论佛法,条理清晰,分析深入,议论合宜,远胜于当时的宿学名士,二十岁左右,就已经在江南地区颇具名气。

中年之后,竺道生四处游学,"广搜异闻,自杨(扬州)徂秦(西安),登庐(庐山)涉霍(安徽天柱山)",这些经历极大地提升了他的佛学造诣。他先是只身前往庐山,追随僧伽提婆学习经论,讲授佛法,

右图：《竺道生说法图》吕凤子绘
左图：《竺道生以石为徒》黄泽绘

前后长达七年之久。后来，他又远赴长安，皈依高僧鸠摩罗什，成为其得力的译经助手之一，参与了《大品般若经》与《小品般若》等佛经的翻译工作。

长年游历之后，竺道生学有所成，便再一次回到了南京，开始了他对佛教经典的系统阐发，著有《二谛论》《佛性当有论》《法身无色论》《佛无净土论》《应有缘论》等。在这些佛教理论著作中，竺道生认为，当时主流僧团所尊奉的法显所传六卷本《大般泥洹经》并非足本，有许多重要的佛教教义没有得到弘扬。他根据自己的研究，首倡"一切众生皆有佛性，一阐提亦能成佛"。所谓"一阐提"，就是断了善根的人。而当时的主流佛教僧团尊奉《大般泥洹经》，认为断了善根的人绝不可能成佛。很快，竺道生受到了南京主流僧团的抨击和排挤，被要求承认错误。但是，竺道生始终坚持自己的见解："一阐提人若能顿悟亦可成佛。"甚至还留

下了这般掷地有声的话语："若我说违悖经义，天降大祸于我；若我说不悖经义，我将坐师子座！"大约在元嘉五六年（428、429）前后，南京的僧团开除了竺道生的僧籍，同时要求各处寺院不准收容他。万般无奈之下，他来到了苏州，隐居在虎丘山麓。

于是就有了生公在虎丘山麓讲经，感动顽石的故事。

这一故事最早见于晋代无名氏所著的《莲社高贤传·道生法师》，书中记载曰："师被摈，南还，入虎丘山，聚石为徒。讲《涅槃经》，至'阐提'处，则说有佛性，且曰：'如我所说，契佛心否？'群石皆为点头。旬日，学众云集。"虽然生公的名气很大，但在因循守旧者看来，他的学说毕竟是被主流僧团认定为"异端邪说"的，所以，他刚到苏州之时，鲜有追随者。生公是孤独的，但在寂寞之中他始终没有气馁沉沦，而是面对着虎丘山麓的千万块石头，"聚石为徒"，依然我行为素。他的说法让虎丘山麓的顽石纷纷点头，一旁的水池中，也瞬间盛开出朵朵洁白的"千叶莲花"。这一传奇故事在苏州不胫而走，过了不久，苏州百姓云集虎丘山麓，就席地而坐于千人石上，听生公说法。这就有了今天虎丘山的名胜：生公讲台、千人石、点头石、白莲池。

传说固然美好神奇，但真正确立生公在佛教界的地位，使他获得世人认可的并不是这些顽石，而是由北凉昙无谶翻译的四十卷全本《大般涅槃经》。这部足本新译本传入江南以后，证明了生公的正确性，因为这部足本经卷中就辟有专门的章节论说"人人皆有佛性""阐提成佛"等命题。自此以后，生公的声名大振，他也真的"坐师子座"说法，成为受万人尊崇的佛学权威。由他所倡导的涅槃佛性学说也在中土广为流行，成为中国古代佛教的主流学说。

"生公说法，顽石点头"这类故事在苏州还有很多，历代的文人雅士也似乎对这类神奇的故事特别津津乐道。明代文人陈继在重修山塘

街半塘附近的寿圣寺时为之作记，在《记》文中讲述了另一个关于生公的神奇故事。说生公刚到苏州的时候，"爱半塘幽胜"，就寄居在附近，且"时居诵《法华经》"。但是，无人能理解其中的奥义，"有雉日听之"，久而久之，雉鸡似乎也得道了。忽然有一天，雉鸡消失了。就在此日，生公做了一个梦，梦见雉鸡，说自己许久以来"听经获报"，终于转世为某家之子，现在只是暂时地离开，"数岁当侍左右"。验之果然，就在当天，山塘的一户人家诞生了一位极富灵性男孩。若干年之后，这个男孩与父母一起到半塘进香，见到生公，开口便叫"师傅"，执意不肯回家，要留在寺庙中侍奉师傅。

故事传开后，苏州百姓纷纷前来半塘进香，大家觉得雉鸡听了生公的讲经，尚且可以"获报"转世，那么断了善根的"一阐提"之人，只要顿悟，也完全可以得道成佛。后来，雉鸡转世的小和尚去世，生公将他埋

虎丘生公讲台

葬在附近的小树林中。

东晋义熙十一年（415），有一个商人谢本，停船于半塘的河岸边，晚上听到有童儿的诵经之声，循声而去，"迹之无所得"。到天明，发现坟冢上生"青莲数花，灼灼照其上"，于是就向乡人打听其中的原委。当他得知这一切之后，就将此事上报朝廷，朝廷很快下诏，"昭赐材用建塔寺"，为纪念生公诵《法华经》，将此塔寺命名为"法华院"。

生公虎丘说法的故事，也成为历代文人墨客游苏州必写的一个诗歌题材，南宋时期苏州籍诗人范成大在其《虎丘六绝句》中连写三首歌咏其事，兹举其中的《千人坐》一首，作为本文的结语：

听经人散藓花深，千古谁能更赏音？

只好岸巾披鹤氅，风清月白坐弹琴。

忠義為佛

明末高僧弘褚繼起
將儒家的忠孝思想
融入佛教中在靈岩
山上聚集遺民志士
為江南抗清的秘密
謀士

弘储继起：以忠孝作佛事

"山不在高，有仙则灵"，苏州城外的灵岩山大概就是这样的一座名山，它既非峻岭，也称不上崇阿，但古往今来的名人志士、高僧大德驻足于此，留下无数传奇，使它成为享誉海内外的名山。吴王井、玩月池、响屧廊等历史遗迹，似乎依然在默默地诉说春秋时期吴王、西施的传奇；而印光法师的灵骨塔院，是后人对这位佛学大师"中兴净土"的最好纪念。

明清易代之际，高僧弘储继起驻锡于灵岩山，"其才厚重不泄，为人排难最多"，弘储继起的闳畅佛法宗风，曾使得天下为之耸动。"丙戌（顺治三年，1647）以后，东南之士，濡首焦原，吴中为最冲，皆相结纳，从者如市"。他作为"浮屠中之遗民"，以"收拾残山剩水之局"为己任，一时间，灵岩山俨然成为东南沿海地区抗清志士的秘密聚集点。这样的秘密聚集，在当时本就是"世不尽知"，随着岁月的流逝，时至今日，灵岩山上已无任何遗迹可资纪念这位高僧以及这段传奇。我们不妨拂去历史的尘埃，根据文献的载录，复原历史的现场，感受遗民志士在"濡首焦原"的环境之下，秘密聚集灵岩山，"从者如市"的真实状态。

康熙三年（1664），弘储继起大师六十寿诞，江南群贤，尤其是一大批抗清的遗民志士，纷纷上灵岩山赴会祝贺。武进籍的遗民画家恽日初

（法号明昙）携子恽寿平上山，为弘储继起大师贺寿，作有《灵岩山赋为退翁和尚寿》，恽寿平则绘《灵岩山图卷》以赠。画卷中，有恽寿平自己以及余怀等文人志士的题词以纪其盛。此外，恽寿平还作有《呈灵岩座元师》一诗，其中有曰："兵戈摇落向江湖，别后音书雁有无。长路星霜还蓟北，扁舟风雨到姑苏。薜萝自与青山老，绛帐空悬明月孤。回首有看烽火急，夜阑相对重踟蹰。"恽寿平的诗写尽了江南遗民志士在抗清斗争中所经历的"兵戈摇落""长路星霜"，在一次次的挫折和辛苦遭逢之后，他们纷纷来到薜萝萦绕着的灵岩山。山中的老僧安静地和山中的薜萝一起，"自与青山"慢慢老去，但他始终坚守这块净土，独坐高堂，施绛纱帐，弘扬佛法宗风，弟子以次相传，这岂不是遗民志士在黑夜中的一盏明灯，抑或是昊天上的皎皎孤月？夜深人静时分，恽氏父子与弘储继起大师相对而坐，秉烛夜谈，多年来的"烽火"往事，令座中之人无不扼腕叹息。

　　紧随恽氏父子脚步而来的还有浙江大儒、遗民领袖黄宗羲。在完成

上图：
《灵岩山图卷》
弘储和尚画卷引首题诗

下图：
《灵岩山图卷》
清·恽寿平绘

了《明夷待访录》的写作之后，黄宗羲于这年的五月初，上灵岩山拜谒了弘储大师。在弘储大师的精心安排下，"钟鼓集法眷"，一场极富传奇色彩的"九人盛会"在灵岩山寺"天山堂"举行了。"相看尽陈人，不参以时彦"，躬逢这次盛会的另外七人都属志同道合者：黄宗炎、徐枋、高斗魁、王廷璧、邹文江、文秉、周茂藻。黄宗羲在《同晦木、高旦中、王双白、邹文江、文孙符、周子洁、徐昭法集灵岩寺》诗中说："应怜此日军持下，同是前朝党锢人。"他们几乎都是晚明时期与阉党作坚决斗争而遭受

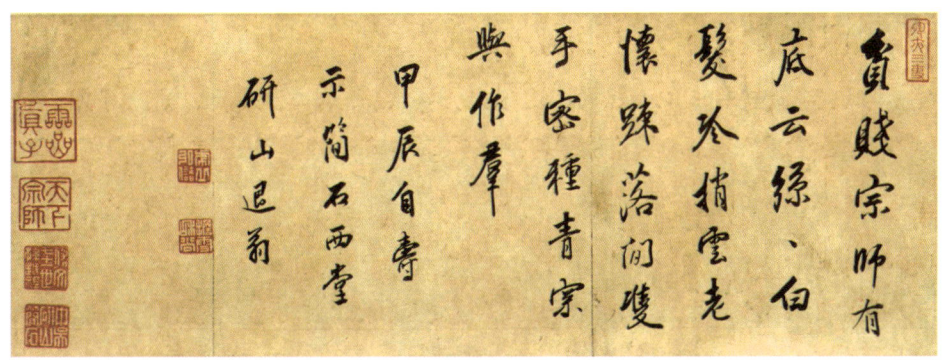

古版画《灵岩全图》

"党锢"之祸的清流文士或是其后代，他们个个有故事，限于篇幅，在此不展开，只作简略的介绍。

黄宗炎（1616—1686），黄宗羲胞弟，字晦木，明朝灭亡以后，一直以宁波四明山为据点，坚持抗清斗争，先后两次被捕。徐枋（1622—1694），字昭法，号俟斋、秦余山人，吴县（今苏州）人，其父徐汧在明亡后投水殉国，他终生恪守父亲遗命，坚决不出仕异族，隐居在天平山麓的涧上草堂，是清初著名的志士，与宣城沈寿民、嘉兴巢鸣盛并称"海内三遗民"。高斗魁（1623—1671），字旦中，鄞县（今宁波市鄞州区）人，明右副都御史、义士高斗枢之弟，精于医，明亡后，行医济世人之急。王

廷璧，字双自，江阴人，弘储弟子。文秉（1609—1669），字孙符，长洲（今苏州）人，文震孟长子，明亡后，隐居天池山附近文震孟墓旁，数十年不入城市。周茂藻，字子洁，吴县人，晚明义士周顺昌之子，明亡后，兄弟数人皆守义执节，不作贰臣。邹文江，与宣城遗民沈寿民交往甚密，为知己好友。

这次盛会持续了七天七夜，局中之人"夜坐天山堂，诸家评略遍"，无不慷慨激昂，纵论天下抗清之计。据此，我们完全可以看到弘储大师心系家国兴亡的情怀，也可以清晰地感受到他议论风发"狂绝伦"的神情。然而，在他的言辞中，又无不流露出对抗清形势的深深忧虑——"世路难收拾"。到底是什么机缘际会，竟会让这样一位得道的出家人如此牵念人世间的情事，且又是这般的慷慨激昂？

这一切还得从弘储大师的身世和师承说起。

弘储继起（1605—1672），俗姓李，明万历年间出生于扬州兴化的一个普通家庭。他的生父李嘉兆也是一位志士，生父的精神对幼年的弘储有着很深的影响，即便后来出家为僧，也时常"感其父之大节，时时思所以继之"。弘储大师皈依佛门后，师从汉月法藏。汉月法藏为宁波天童寺密云圆悟之弟子，他不仅佛学造诣极高，也精通儒学，极力主张融会佛儒。他曾在《三峰藏和尚语录》卷七中说："在祖师禅谓之话头，在儒家谓之格物。格物者，两端叩竭，一切善恶、凡圣等见，并不许些子露现。从此翻身，直到末后句，齐治均平，著著与此相应，则禅与圣道一以贯之矣。"这段话在晚明时期的江南佛门广为盛行。在师傅融会儒佛，追求"一切善恶、凡圣"的指引下，弘储继起也逐渐形成了自己的佛学理论主张，他积极地将儒家的"忠孝"思想融入佛教中，于是便形成了他独具特点的理论"以忠孝作佛事"。弟子徐枋在其圆寂后所作的《退翁老人南岳和尚哀辞》中是这样评价弘储大师的：

唯吾师一以忠孝作佛事，使天下后世洞然明白，不特知佛、道之无碍于忠孝，且以知忠孝实自佛性中出。是使佛之道，若日之晦而复明也，若月之缺而复圆也，若天地之混沌而复开辟也。

弘储大师一生住持过十余座寺庙，自顺治二年（1645）起，开始主持苏州的灵岩山寺，前后长达二十余年之久。入清之后，弘储继起对故国的思念之情与日俱增，每年三月十九日（明王朝灭亡的纪念日），他都会素服缟衣，面向北京的方向焚香叩首，这一习惯一直保持到他圆寂。在灵岩山寺住持期间，"其往还昕夕，率多遗民故老"，他时常和这些遗民故老一起，以"老杜吞声"的笔调抒发内心的亡国之恨，这些作品都收录在《灵岩和尚树泉集》。他的弟子徐枋在《书先文靖公墨刻后赠灵岩老和尚》一文中评价其中的诗文说："所为流连风景，举目山河者，又多殷麦、周禾之悲焉。"

在抗清将领瞿式耜殉难之后，弘储大师写下了《吊瞿稼轩先生》云："死国寻常事，难于得所终。寸心依日月，片语落霜风。成败非由我，精诚独见公。世无良史在，谁为表孤忠？"对死难者的深深悼念之情，以及他自己杜鹃啼血的孤忠都溢于言表。他还写诗给吴江籍遗民诗人叶绍袁诸子，对叶燮为首的叶氏昆仲坚守节义的行为深表赞赏，并积极鼓励云："世事酸心不忍言，怕闻啼鸟和哀猿。风吹树杪山无色，月刺窗楞梦断魂。法海汪洋千古怨，儒冠冷落旧朝恩。君家兄弟多标致，烟雨苍茫道味存。"

在江浙地区的抗清义军蜂拥而起的时候，身披僧袍的弘储继起也积极参与其事，他逐渐成为江南抗清的秘密谋士，而灵岩山也成为遗民的聚集地和秘密抗清的据点之一。其详情在《灵岩山志》卷三中有详细的记载。

面对危难，弘储大师始终能做到从容淡定，他曾不止一次地说过：

灵岩山寺

"使忧患得其宜，汤火亦乐国。"在他的引领下，灵岩山诸弟子，都践行着师尊"忠孝作佛事""见性成佛"的旨意，表现出傲岸不驯的风骨。如顺治八年（1651），弘储大师被捕入狱，他就写有《院鞫被杖归寓示徒》一诗，表达自己临危不惧的气概："齿雪饮冰无厌足，履汤蹈火又何妨？东西南北虽空阔，去就原凭自主张。"而弘储大师被捕之后，灵岩山寺的形势也一度极为危险，就在"一众星散"的时候，弘储大师的弟子、湖州南浔人董说（字若雨，法号月涵南潜）"以合众下山之时"，"奋然独

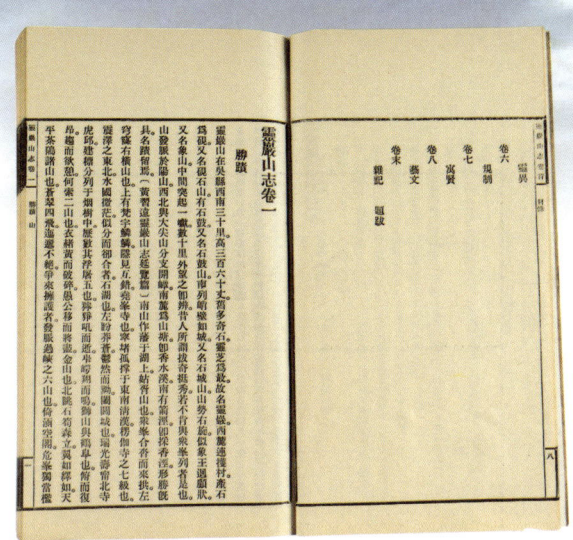

右图：民国本《灵岩山志》书影

左图：灵岩山迎笑亭，对联为「松似高贤迎客笑，山经兴复满亭春」。匾额题款为「灵岩之半有迎笑亭，为其兴之弗详矣。明虚上人驻锡是山，就其遗址庀材鸠工，重新结构，既落成为题旧额，颜之时则民国十一年六月也」。

往"。这样的豪情壮志，实在堪称"炼石补天"，从中也可清晰地看到弘储大师的人格魅力，以及其对后嗣的深远影响。

弘储继起的弟子徐枋曾作长诗《怀旧篇长句一千四百字》，列举了诸如熊开元、姜垛、徐波、张有誉、薛寀、文果等数十位隐居在灵岩山上的遗民志士，他们无不深受弘储继起大师的影响，且尊弘储继起为开宗之大师。徐枋的诗是对弘储继起这位早已被人遗忘的佛学大师的最好礼赞，不妨一读，以作为本文之结：

> 天上灵岩一退翁，蔚然忠孝开宗风。
>
> 弥空慈云覆世界，亘古正气蟠心胸。
>
> 欲言大地出火宅，欲令长夜闻晨钟。
>
> 顾我尤深知己感，一言一笑心无穷。
>
> 挥戈炼石有精意，只履双树垂芳踪。

書畫傳教

吳歷生于明清易
代之際能接受西
洋文明之先覺以
天主教來寄託志
節并用中國傳統
書畫傳教

吴历：以诗画传道

　　在中国绘画史上说起 ，几乎是无人不知、无人不晓，常熟吴历、常州恽寿平与清初"四王"（王时敏、王原祁、王翚、王鉴）并称"清初六家"，代表了清代初年中国正统派画家的最高成就。作为一名谙熟经书的传统士大夫，吴历却"以诗画传道"，在中国的大江南北传播西洋天主教，受到了世人的瞩目，被著名历史学家陈垣先生誉为"能接受西洋文明之先觉"。

　　常熟是江南的历史文化名城，孔子的弟子言偃就是常熟人，他在江南地区积极传播孔子的学说，用礼乐教育士民百姓，使得常熟境内出现了弦歌之声，故而有"南方夫子""文开吴会"之誉。言子故居、言子墓等遗迹，一直以来都是常熟的文化地标。大概是为了能让子弟们多少受点言子的熏陶，常熟吴氏先祖、著名文学家吴自讷就把家从县城东隅迁到虞山东麓的文学桥。文学桥之得名也源于言子，因为在孔子最杰出的弟子"十哲"中，言子就以"文学"著称。吴氏归全堂就在言子旧宅的西侧。

　　崇祯五年（1632），吴历出生于文学桥畔。父母给他起名为吴启历，后改为吴历，字渔山。言子这位乡贤对少年时代的吴历具有很大的影响力，因言子旧宅东有言子墨井，吴历很自豪地给自己取号曰"墨井道人"。少年时代的吴历，其学习经历基本还是按照传统士大夫的轨迹前行的，诗、文、书、画等基本的学术、艺术训练一应俱全。年龄略大之后，开始学琴。

　　然而，就在他十三岁那一年，天下大乱，李自成领导的农民起义推翻了明王朝，清军随后入关。之后，清军就开始了一系列南下的军事行动，江南士绅也组织了激烈的抗清斗争。作为名家之子，少年吴历也感受到了亡国之痛。吴历的师友中，尤多遗民志士，如太仓籍理学家陈瑚、太仓籍画家王时敏、王鉴，常州籍琴家陈岷等，他自幼深受这些遗民士绅的影响，在明清易代之际的血雨腥风中，吴历逐渐成长为新一代的遗民，终生持守遗民的情怀和志节。

　　吴历存世的第一首诗《写忧》就是抒发国变之后的强烈悲慨，其中写道："十年萍踪总无端，恸哭西台泪未干。到处荒凉新第宅，几人惆怅旧衣冠？江边春去诗情在，塞外鸿飞雪意寒。今日战尘犹不息，共谁沉醉

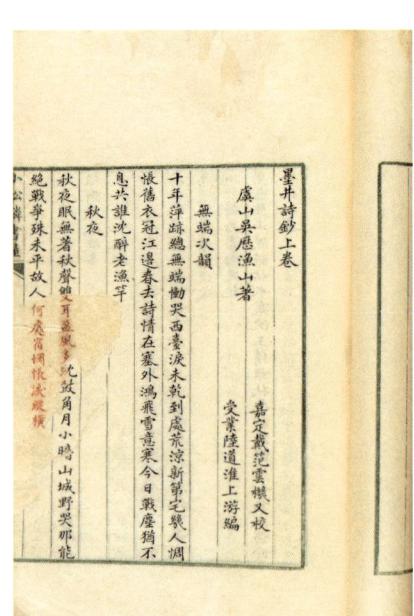

右图：《虞山图》　清·吴历绘
左图：吴历像及《墨井诗钞》书影

老渔竿？"后来，他更以《写忧集》为自己的诗集命名，足见其遗民心性之坚定。这样的诗句在其诗集中比比皆是，"风烟聚散独悲歌，到处山河絮逐波。最是越中堪恸处，冬青花发影嵯峨。""野哭那能绝，战争殊未平。故人何处宿，惆怅泪纵横。"顺治十一年（1654），抗清名将瞿式耜殉难，当其忠骨归葬家乡常熟的时候，吴历饱含热泪，写下了《哭临桂伯瞿相国》："桂林未遂知衔恨，蔓草空遗泪眼看。庭藓尚余行迹在，秋萤争奈映书残。椿存破宅吟风冷，雁宿荒矶怯雨寒。回首自悬孤剑后，白杨萧瑟路漫漫。"

遁入空门，以"逃禅"作为保存志节的避世之道，这是当时许多遗民志士的共同选择，吴历也曾有过类似的经历。他的足迹遍及江浙的许多寺庙，如常熟本地的兴福寺，湖州天圣寺、白雀寺，嘉兴金明寺，苏州的尧峰寺、兴福庵等，吴历《著书楼次韵话隐》诗中"客舍三年半在僧"一语，可谓这一生活的真实写照。

在佛寺中，吴历最喜欢的事情莫过于以诗文书画静心修道。吴历的《墨井画跋》中有这样一段话，真实地记录了他的思想和生活状态："古

《兴福庵感旧图》卷 清·吴历绘

人能文，不求荐举；善画，不求知赏；曰文以达吾心，书以适吾意。草衣藿食，不肯向人，盖王公贵戚，无能招使，知其不可荣辱也。笔墨之道，非有道者不能。"

　　但是，在逃禅之风盛行的背景下，吴历并没有像许多易代之际的士大夫一样，成为佛门弟子，而是成了一名天主教徒和天主教传教士。

　　早在明万历三十三年（1605），常熟乡绅瞿太素就随传教士罗如望受洗，成为常熟第一个天主教徒。天启三年（1623），瞿太素之子瞿式穀请传教士艾儒略到常熟来传教，这是常熟天主教传教活动的开始。在瞿氏父子的影响下，常熟士人信教者不少，式穀的从兄瞿式耜也从之受洗。吴历家旁的言子祠在晚明时期也被改造成一座天主堂。吴氏家族也深受瞿氏的影响，幼年时期的吴历就受洗，成为一名天主教徒。对于瞿氏家族的作用，著名历史学家陈垣先生曾说："此于渔山晚年学道至有关系，必当时西士言行，能令渔山钦服，有所印于中，积久遇机而发也。"

　　康熙十九年（1680），吴历在澳门系统学习天主教和西洋文化。当时的澳门是天主教在远东地区传教的中心，著名的三巴静院设有华人初

学院，专为华人开设了众多天主教和西洋文化的课程，既有
神学的，也有西方的哲学以及各类自然科学。吴历在那儿如
饥似渴地学习，面对各色拉丁文教材，年龄偏大的吴历显然
要付出更大的努力。为了学好拉丁文，他时常在晚上结束课
业后，找西洋的教士交谈请教，这在他的诗歌中就有反映：
"灯前乡语各西东，未解还将笔可通。我写蝇头君写爪，横
看直视更难穷。"

康熙二十一年（1682），吴历在杭州入耶稣会为修士。次
年，吴历返回江南，往返于苏州、常熟、上海、南京各地，开始
了他在江南地区的传教。吴历在《次韵杂诗》中自明心志，其
中第二首和第四首写道，"六十来周促，二毛久已侵。穷愁甘
至骨，冷暖不移心"；"潜修惟耐久，闭户等书囚"，"愿以常
生道，引人笃信谋"。吴历在信众中极具威望，期间曾一度担
任苏州天主堂的传教会长。康熙二十七年（1688），第一任华
人主教罗文藻为吴历等三位华人传教士祝圣，任命他为司铎
（神父）。

吴历在传教过程中，非常注重天主教与中国文化的结
合。早在明代，利玛窦来中国传教的时候，常熟前贤瞿太素
就向利玛窦建议改儒服儒冠传教，以适应中国的环境。吴历
充分发挥自己在传统文化艺术上的特长，将诗文书画以及古
琴融入传教活动之中。吴历率先提出"天学诗"这一概念，他
在《续口铎日钞》中有谓："作天学诗最难，比不得他诗。"所
谓"天学诗"，就是把天主教的教义作为诗歌的表现内容，把
诗歌作为传播教义的一种形象生动的形式。

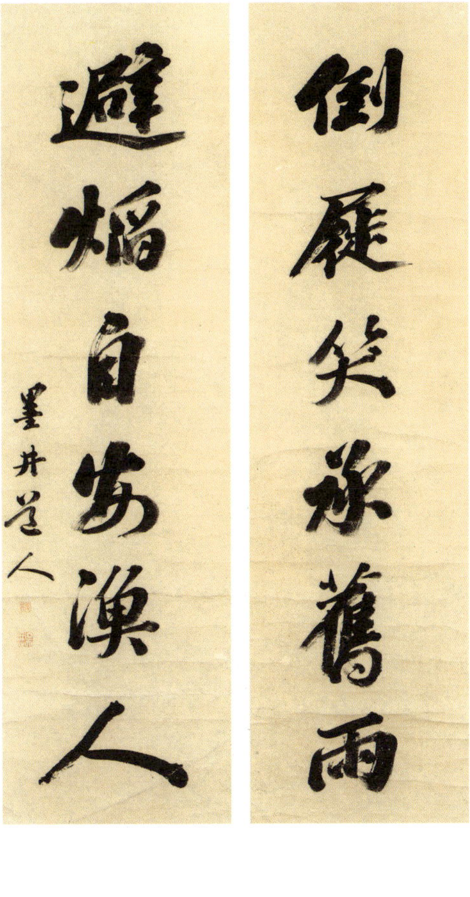

落日懸春愁

墨井道人吴歷

歸心結遠夢

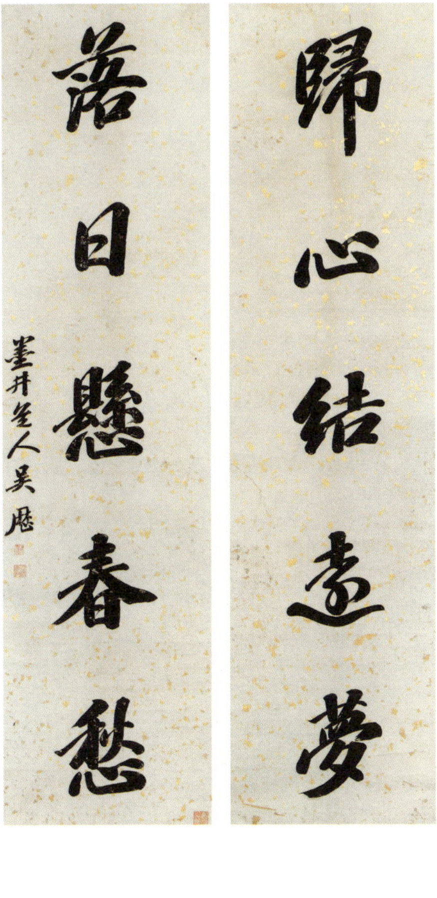

避熘自安澳人

墨井道人

倒屐笑豚舊雨

　　吴历早年师从武进陈岷学琴，精通中国传统音乐。为了促进天主教的传播，配合用中文做弥撒，吴历就采用元明以来的散曲为弥撒歌词配乐，最有名的当数《天乐正音谱》，共用了元明散曲九套、拟古乐歌二十章。

　　吴历的一生，不慕名利，专心致志于传教，直到他人生的最后阶段，依然在《可叹》诗中忧心忡忡地说道："死生茫茫无自见，不入参悟定烹炼。纷纷歧路久迷漫，所误非独鬓霜霰。……予今村铎为谁鸣？十年踟蹰无倦行。安得千村与万落，人人向道为死生？"

　　康熙五十七年（1718），吴历以八十七岁高龄安然辞世。这位以绘画著称于中国文化史的艺术家，最后因其在天主教布道上所做出的贡献，而归葬于上海城南陆家浜南岸的天主教墓地，碑上题写着"天学修士渔山吴公之墓"。但是，戏剧性的一幕很快发生了，在康熙末年，因罗马教廷禁止中国教徒祀祖而引发了"礼仪之争"，清王朝下令严禁外国人在中国传教。在吴历死后不久，雍正即位，各地的教堂与教士墓地也被没籍入官。吴历的墓地就此逐渐荒芜，人们也逐渐淡忘了这位"能接受西洋文明之先觉"。

《岙峰连延》《荷堤杨柳》《古寺丛林》
《临江半壁》　清·吴历绘

琴音禅心

晚清的大休上人主
持了寒山寺等多處
古剎的重建他參禪
不拘戒律一任性情
而善自心生一生堅
持以琴喻禪

大休：修到无休大好休

"青女行霜下空碧，一扫千林变成赤。……好将设色荆关笔，画出珊瑚七尺枝。"袁学澜的《天平山看枫叶》一诗写尽了天平山的繁盛和热闹，天平胜迹更因范仲淹的缘故而名声远扬。然而，紧挨着天平山的天马山却人迹罕至，几乎更无人知晓这里长眠着一位得道的高僧——大休上人。数年前的一个下午，在学生俞正阳和碑刻大师戈春男先生的陪伴下，我登临天马山，拜谒了大休上人的圆寂处和灵塔。此后，便开始爬梳史料，细细地品读着大休上人的遗著，静静地沉浸在上人的精神世界中，也一次次尝试着与他对话。

大休上人，同治九年（1870）出生于四川仁寿县一户鄢姓农家，后半生定居苏州。在李根源等本地名流及好友的推荐下，先后担当寒山寺和包山寺的住持，为这两座千年古刹的复兴呕心沥血，最后隐居天马山无影庵，终老于苏州的山林之间。这位鄢氏子自幼表现出不同凡响的禀赋，"幼读儒者书"，"好仙道，喜读丹书"。他对道教的痴迷可谓疯狂，晚年的大休上人曾在《修行直指》中回忆幼时的情形，"余本幼而入道，迷深障深"，"好神仙之术"，其中的原委和"凡夫痴迷"如出一辙，一味"要求玄妙，要求神通，要求长生，由是走入旁门"，再"加以外道惑人"，以及"江湖术士，左道弄奇"，自己便"堕其术中"。十三岁那一年，鄢氏少年得到一位大师的指点下，便勘破道家的旨趣，弃道登峨眉山，究心佛学。十七岁时，他在四川新都县（今成都市新都区）宝光寺正式皈依佛门，法名演章，号大休，自此开始了他漫长的禅修生涯。

佛家的三藏典要，大休无不勤修探索，加上个人悟性极高，他很快领悟到佛学的真谛，对禅宗新学"无心说"深有心得。大休上人力主"心即是佛"，认为"心即是法，法即是心"，"以心印心，心心不异"。在他的遗著《修行直指》中有称："学仙学佛，道本平常，只在明心，别无他事。……三藏内典，譬如药方，因病服药而已，若人无病，不假医师。一自明心，与佛无二，最易、最便、最简、最真，人偏不信，视为无味，多向巧妙奇特处寻之，妄费功夫，好比磨砖作镜，到老无成。"这样的论说真可谓振聋发聩，警醒多少世人！

在"访参知识经典之外"，他还时常外出云游，遍览蜀中名山古刹。大休精通古琴和诗词吟咏，闲暇时光，尤喜"抱琴长吟"。他的琴弹得极好，用大休上人自己的话，那叫"心栖澹泊投元道，指下冲和见古音"。他的诗歌，以轻灵笔调摹状自然美景，还将佛理融入诗作之中，是诗与禅的完美结合，如他辞别好友周庆云时所作诗有曰："五岳游来不复游，吴头越尾度春秋。禅心尽载诗中画，身世如同水上沤。生死了明无我碍，兴亡何苦替人愁。饥餐渴饮功行满，修到无休大好休。"

光绪十九年（1893），大休离蜀，开始了历时十六年的云游生活，其足迹遍及十余省，"南游普陀，更达五羊、五岳、四名"。五羊，指广州；五岳，指泰山、华山、恒山、衡山、嵩山；四名，指五台山、普陀山、峨眉山、九华山。一路之上，与他相依相伴的就是他最心爱的古琴和画卷。对此，大休上人的好友周庆云（号梦坡）曾有这样的描写："开士西下峨眉峰，手抱绿绮横江东。一瓢一笠健行脚，更携画卷长相从。"

光绪三十四年（1908），大休来到了广州，礼拜了羊城广州的各大寺

庙，其中特别值得一提的就是六祖慧能受戒的光孝寺。在参谒中，大休受六祖慧能"风动""幡动"论说的启发，对慧能禅师"直指人心，见性成佛"的学说深有体会，就写下了一段精彩的语录，作为自己的心得，其中有曰："水因风动生波，水止波平，原水心由境扰成识。识灭心，明心也。识也，一而二者也，归之则一心，散之为六识，在眼为见，在耳为闻。故云：三界唯心，万法唯识，心本空寂，因境而有。"广州之行，奠定了大休的佛学思想，观其一生的禅修，六祖慧能的"直指人心，见性成佛"乃其核心。直到晚年，大休还在《修行直指》中开宗明义地说道："修行一事，门户虽多，总不外夫明心见性，诸恶莫作，众善修行而已。"

寒山寺前主持大休上人之墓

不久，大休离别羊城广州。北上途中，在厦门南普陀寺作短暂停留之后，他径往杭州。一直以来，古代诗词中的经典名句，早就让大休对杭州和西湖无比神往、爱慕。宣统元年（1909）初，大休卓锡杭州云居寺，开始了与杭州、与西湖的一段佛缘、诗缘和琴缘。

云居寺在杭州西南的紫阳山，由唐代僧人弘觉大师所创。元代高僧、临济宗十九世祖中峰明本禅师重建，改为"云居圣水寺"。后屡毁于战火，屡次修建。大休来到的时候，寺庙早"经洪杨兵燹（指太平天国的战火）"，"只破殿数间，荒烟蔓草，人踪罕到"。面对满目疮痍的废墟，大休的首要任务就是重修寺院，重振宗风。为了维持寺庙的生计，大休一方面"开垦种树"，为"菜圃瓜田"，另一方面，开始鬻文卖画，筹措寺庙修缮的资金。数年如一日的艰辛，大休上人始终甘之如饴，他在诗中曾有过这样的描写："一肩瓶钵上云居，舍却瑶琴事耝锄。广种芋头充旱稻，多栽蕉叶学行书。水高易引流丹灶，藤茂还堪补佛卢。闲向超然台畔望，湖江环抱气宽舒。"

在云居寺重建完成之后，大休为云居寺题写门联，完全可以看作是自我总结："选大名胜以建道场，作些实在功夫，耡雨锄云、栽花种竹；得小休息而随尘世，问我消闲事业，吟风弄月、读画弹琴。"大休上人修建云居圣水寺是实实在在的功夫，而他在整个筹建过程中，既不设功德箱，也不立功德碑，更不为捐助者办各种经忏仪式，而是惠赠他的个人书画作品，或是举办个人琴会，作为对捐助者的回馈和感谢。在寺庙修缮一新之后，大休上人完全沉浸在诗词、书画和古琴音乐之中，殊不知，这正是他弘扬佛法的独特方式——"以琴喻禅""以琴说法"。大休亲撰的云居寺门联所说"吟风弄月，读画弹琴"，正是这种独特方式的真实写照。

"以琴参禅"的方式，对于佛教"在家众"来说并不罕见，历史上就不乏其人，宋代著名琴家成玉磵就曾在其《琴论》中有谓："攻琴如参禅：岁月磨练，蓦然省悟，则无所不通，纵横妙用，而尝若有余；至于未悟，虽用力寻求，终无妙处。"但将这一方式广泛用于"出家众"的修习中，也算是大休上人的一大创举，故而他也获得"琴僧"的美誉。在晚清民初之际的江浙一带，大休上人还具有跨界影响，随他学琴，能在空谷回音的泠泠琴声中，逐渐洗尽尘俗凡心，领略到佛学超然自适的恬静安详；与此同时，佛门中人也在大休上人的指引下，尽享丝弦的魅力，纷纷喜欢上古缦琴操。此时的苏杭，俨然成为中国古琴艺术的中心。后来，在苏州定居期间，大休上人还时常写诗，表达出自己沉浸、游弋于诗书画琴和佛禅中的乐趣："座拥琴书销昼永，寺无钟历记年长。行吟犹乐多佳句，定起常闻有妙香。""苦行功修能未能，琴书与画结三朋。有时陶冶持尊酒，学佛何妨学大乘。"

　　作为琴学大师的大休，在当时江浙一带的琴界颇有声望，他时常往返于"浙派琴学"的中心杭州和"吴派琴学"的中心苏州。大休上人在临终前，曾在《自祭文》中用了这样一番话来写照此时的生活："由是诗酒徜徉，和光混俗，吴头越尾，长作勾留，无党无徒，孤高独立，佛也不礼，魔也不降，上无佛道可成，下无众生可度。由是晨兴夜寝，渴饮饥餐，荏苒光阴，……得享一生清福"。在苏州，大休上人沉醉于太湖的烟波浩渺，欣赏着天平山的泉石之胜，体味着吴地文化的丰厚精神。与此同时，他在苏州也结交了很多朋友。虽然大休上人一直秉承着"无党无徒，孤高独立"的处世之道，但琴学和佛学两方面的造诣，早已使他在苏州声名鹊起，受到了文士、僧侣的交口赞誉。据周庆云所撰《大休大师塔铭》记载，在宣统三年（1911），清王朝灭亡前夕，时任江苏巡抚的程德全修复寒山寺，曾力邀大休大师来苏州担任寒山寺住持，然而"居无何，国变，复回云居"。

云居寺安定的禅修生活，随着清王朝的覆灭，以及之后蜂起的军阀混战，逐渐受到搅扰。云居寺的清净也被打破，为了躲避政治的风波，大休上人曾避居浙江富阳的天真山，卓锡天中寺。但他始终难以割舍对西湖的眷恋，很快又回到西湖之畔，但是原先卓锡的云居寺已经被浙江督军卢永祥占用。万般无奈之下，大休上人选择了西湖孤山，卓锡照胆台。自宋代诗人林逋的"疏影横斜水清浅，暗香浮动月黄昏"一语诞生后，杭州孤山就以梅花享誉天下。开始的时候，大休上人还可以尽情欣赏孤山梅花的清雅逸韵，他的笔下还出现了这样的诗句："莫笑僧伽也爱花，觅将兰若傍林家。"据金松岑《大休僧传》记载，每当梅花盛开的时节，大休上人就会和弟子方镇华"囊琴载酒游孤山"，"寒梅作花，乃对坐放鹤亭，作《梅花三弄》，一饮三弹，且饮且鼓"，其艺术感染力极强，金松岑先生所谓："湖鱼出听，翠羽争集，不知霜风之凄紧，晨曦之东出也。"

　　这样的清净并没有持续太长的时间，随着杭州大规模城市建设运动的展开，马路的拓宽，西湖环湖大路的修建，孤山的清幽似乎渐行渐远，大休上人也颇感无奈。民国八年（1919），痛苦不堪的大休上人得到消息，农历八月二十五日，苏州琴家叶希明在怡园举办了一次古琴雅集。虽然自己云游外出，不能躬逢其盛，但他还是兴奋无比，作诗一首，作为

1919年，苏州琴家叶希明在怡园举办了一次古琴雅集

庆贺："地非灵隐小山房，那得僧行共一堂。检点古琴翻妙谱，高吟雁过月如霜。"次年的九月，大休上人参加了好友周庆云在上海举行的"晨风庐琴会"，在激动兴奋之余，他给主人周庆云的诗中，明确表达了"将有深山之谋"的打算。在大休上人的心中，苏州自然是不二选择，诚如他自己在诗中所说的"历历前缘大有因"。这里的山水曾让他沉醉，这里更有他的知音，也只有在这里，他才能真正享受到琴音的"妙香"，以及由此给他带来的快乐。正所谓："蒲团坐我一琴横，弹到无声却有声。古调于今谁领略，不如绝音听烦筝。""万般归一一无端，惟有琴能奏《普安》。静听心香微妙出，熏炉不必用沉檀。"

　　民国十二年（1923），年逾半百的大休上人辞别了西子湖，来到了古城苏州，暂居龙池庵（其址位于今公园路）。龙池庵的雨峰法师对大休的"以琴喻禅""以琴说法"尤为赞赏，二人时以诗书相交，禅机相通，相得甚欢。李根源在十全街的寓所离龙池庵近，亦时来雅聚，此外，费仲琛、费念慈、黄墨卿、汪定执、吴湖帆、吴待秋、毛羽满等人，皆是龙池庵客堂的嘉宾。龙池庵一时成为苏州城东之盛景,苏州士林和佛教界对大休上人的拥戴几成众星捧月之势。

　　来到苏州不久,大休上人便在李根源、雨峰法师等僧、俗两界朋友的极力推荐下,出任千年名刹寒山寺的住持。当时的寒山寺,历经战乱,殿宇早已颓败倾圮,僧众星散,与今日之盛景相去天壤。千年古刹寒山寺因唐代诗人张继的《枫桥夜泊》一诗而声名远扬,要重修寒山寺,重振宗风,是何等不易?对此,大休上人倍感压力,他在诗中写道:"钟声吹到客中船,张继诗吟海外传。久闷寒岩天籁寂,重瞻初地法螺缘。缚茆莫测疯颠汉,遁迹难寻石壁禅。在昔高僧宏戒律,惭无道力恐难肩。"

　　大休上人如法炮制了他在杭州云居圣水寺的做法,凭借他个人卓越的艺术成就和非凡的人格魅力,采用卖画鬻文和举办琴会等风雅的方式筹集善款。其间的甘苦,也许只有上人自己最清楚,只是他始终很少向人提及,只在一首佛偈中隐约透露出些许端倪:"学到五十余,始觉人难做。"

　　大休在住持寒山寺的三年时间里,宵衣旰食,克勤克俭,终于迎来了千年古刹寒山寺的重生。不仅兰若丛林焕然一新,而且香火兴盛,参禅说经之风重振。李根源在《吴郡西山访古记》中多次提及重生后的寒山寺,其中有这样的记载:"游人如织,勿庸纪述。"大休的旧友康有为在民国十四年(1925)重游寒山寺的时候,不禁惊叹于面貌之新、格局之大。数年前,康有为拜谒寒山寺时,只见满目疮痍、荒芜颓败不堪,便作诗感叹道:"钟声已渡海云东,冷尽寒山古寺风!"此番所见,情景截然不同,康有为当场挥毫作诗一首:"曾踏天台入化城,寒山频到听钟声。大休又饶丰干舌,更建经楼续国清。"其落款有跋曰:"大休开士及主寒山寺,修募建藏经楼,以扬法化。"这幅至今依然藏于寒山寺藏经楼中的墨宝，真实地记载了大休上人的历史功绩。

寒山寺日渐兴盛，大休上人觉得自己应该急流勇退，便将住持之位传于铁涛法师，开始了他在苏州山林的闲居生活，完全是一副闲云野鹤的气度。期间，无影庵的闻达法师拜大休上人为师，追随左右。因此机缘，大休上人得以时常登临徜徉于天马山，怡然沉醉其间。无影庵是苏州报恩禅寺的下院，位于天平山之侧的天马山，明代崇祯年间，履中上人创建，后废。乾、嘉以还，先后由释唯然、天台风公、涵虚今澈重修，住持其间。据乾嘉时期苏州状元石韫玉的《无影庵记》描写，此地"古藤老木，翳荟阴森"，"乔松百尺，山风时至，飒飒作海潮音"，"花时香雪盈庭"，更有"泉流曲折行石间，曰泻雪涧"。对此清净自然的美景，大休似

乎心有所仪，泠泠的琴音应和着淙淙的泉流、谡谡的松涛，无不令人心旷神怡。就在大休上人打算栖隐无影庵，尽享林泉高致的时候，他又受到了众多好友的举荐，出任洞庭西山包山寺住持。

洞庭包山寺始建于梁代天监年间。早在唐代，唐高宗御赐"显庆禅寺"，清代顺治曾御赐住持山晓法师墨宝"敬佛"。民国初年，佛学大师太虚上人曾住持于此，但自从太虚大师离开后，寺中主持之位一直空缺，对于这座千年古刹来说，多少是个遗憾。民国十六年（1927）春，以金松岑、李根源为首的苏州士人又一次联名举荐大休出任包山寺住持。包山寺位于太湖中最大的岛屿——西山岛上，大休上人喜爱岛上与外界隔绝的清幽，便爽然应允。入住包山寺后，他一方面积极修建庙宇楼殿，在弟子周冠九的捐助下，恢复了寺庙恢宏壮观的格局，另一方面大休上人还积极培养佛学人才，闻达上人便是其中最为杰出的，这也是后来大休放心地传钵于闻达的主要原因。在洞庭西山，大休上人依然过着与诗书琴画相伴的生活。包山寺的很多楹联、匾额都出自他的手笔，李根源、金松岑、周庆云等好友也时常上岛拜访，诗文唱酬不断。大休很是享受这样的生活，他曾一口气连写数首诗作，表达自己的喜悦之情："瓶钵随缘带笑看，洞庭却似两螺鬟。包山包住萧间寺，容我安居学懒残。""苦行功修能未能，琴书与画结三朋。有时陶冶持尊酒，学佛何妨学大乘。"

大休"好奇石灵芝"，他遍采西山岛周边所产的太湖石，"山中芝石，悉采置几案"，在禅房中，他日日面对着石头揣摩写生，其痴迷程度完全可媲美米芾拜石。在"与石共明晦"，"呼友复呼兄，日作米颠拜"，"块垒填胸中，形骸超象外"这样的状态下，他完成了著名的《百怪图》。此书问世后，李根源在卷首有题曰"石颠画禅"，而书画大师吴湖帆则题曰"说法点头"。

自觉包山禅寺的事务一切妥当之后，大休将住持之位传于弟子闻达上人，而自己就选择终老天马山无影庵，过着闲云野鹤般的生活。无影庵所在的天马山，是大休亲自选定的栖息归宿之地。相地之后，即着手营建生圹，并书写"干净地"三字，李根源邀请吴中著名摩崖石刻艺人顾竹亭为之刻石。对于生死，大休上人表现得相当从容和淡然，他在《五言》组诗中说："学佛几多年，春秋六十二。悟彻无生法，逍遥出世间。""浮生原是梦，醒时亦是空。横行无障碍，八面任东西。"大休上人的生死观有彻悟的大智慧，这正如他《西江月》词中所说：

> 万事有成终败，经云四大皆空。人生扰攘在其中，觉后无非一梦。
>
> 爱欲无边苦海，乾坤一大牢笼。莫于蜗角逞英雄，好把福田多种。

唯有一事，是大休上人至死都难以割舍和释怀的，那就是古琴，在这组《五言》诗中，他不无伤感地写道："我爱一张琴，临行一再抚。老休去千秋，君还归太古。"若要说大休的一生憾事，大概也就在古琴上了。民国二十年（1931），苏州的文玩出口商、琴家周冠九回国，经人绍介，结识大休，并拜大休为师，在佛学、琴学方面，两人时常切磋。当时，沪上著名的琴家查阜西发动江浙同人筹建"今虞琴社"，大休与周冠九积极参与其事。但遗憾的是，大休在生前一直未亲眼见到琴社的成立，直到他圆寂四年后的民国二十五年（1936），"今虞琴社"终在阊门外周冠九新宅梦觉庐正式成立。

民国二十一年（1932），11月11日，大休的生命旅程走到了最后。在临终前，大休将"平生衣物，虽一帽一履之微，均分送之"，把自己平生所作的诗画稿交付给侍者无碍，并关照他悉心保管。处理完一切，遂只身"复入山，抚琴长吟，兴似甚豪"，且弹且饮，直至黄夜。之后"便入石龛，端坐如常，闻嘘气三口，稳坐不复动，呼之不应"，无疾而终。这是大休上人的好友周庆云在《大休大师塔铭》中的记载。关于大休上人的驾鹤西去，苏州百姓猜测纷纷，众说纷纭，但终属无稽，今天的我们也完全没有必要去深究，因为大休大师早就在诗中说得很清楚了：

　　饥餐温饮功圆满，修到无休一大休。

　　大休圆寂后，好友李根源为之写碑"止矣休哉"，并在大休墓后的石壁上刻有一段记，其中有曰："大休和尚，前于包山营生圹，特题'大休息处'四字。今和尚爱无隐之胜，移锡来住，重营圹基于寺之右，嘱余题此。和尚，四川仁寿人，披剃峨眉山，工诗善画。民国二十一年李根源识。"

　　当年的无影庵早已荒废，但大休大师依然静静地"大休息"于纷扰红尘之外的无影之中……

沧海明珠

不仅是大师而已的奇人们

　　苏州的大师奇人的特点还在于，不仅有诸多在自己专长上专研到一定境界的顶尖人物，还有众多名贤，除了世代相传的学问道德，更有不为人知的、令人称奇的另一面"绝技"。而即便是普通的工匠大师，除了本身的技艺之奇，还"奇"在其个性和气节。

陸龜蒙

诗人归隐著农学

　　在中国古代，读书人深受儒家文化的影响，农桑稼穑之事常常为士大夫所不齿，甚至被认为是"贱业"，就连历史上大名鼎鼎的农学家贾思勰在完成了不朽的农学名著《齐民要术》之后，也不免在自序中深表忧虑地说道："鄙意晓示家童，未敢闻之有识。"然而，在文学史上以诗名传世的晚唐乡贤陆龟蒙，却能以士大夫之身份，亲农事，写农诗，著农书，成为中国文化史上第一位士大夫出身的农学家。

　　陆龟蒙，字鲁望，长洲（今苏州）人，晚唐时期著名的诗人，长期隐居在甫里（今用直古镇），人称"甫里先生"。在用直隐居的岁月中，陆龟蒙时常手操农具，参加田间劳作，并系统地研究了当时的农业生产，把自己的研究心得体会形诸文字。他撰写的《耒耜经》是中国历史上第一本

复原的唐代曲辕犁，因犁辕呈弯曲状而得名。据陆龟蒙所著《耒耜经》记载，唐代曲辕犁有长犁和短犁之分

专门研究论述农具的著作。

在《耒耜经》中，陆龟蒙却公开地宣称，农业生产不仅是立国之根本，也是士大夫"修身、齐家、治国、平天下"的根本，如果不重视农业的话，此人则无异于禽兽。这样的言说，在古代确属达识。他在自序中还明确表示，自己的研究和著作，都是得益于普通百姓的，作为一个读书人，他可以不耻下问，虚心向农民学习请教，所谓"呼耕甿"，"受播种之法"，就是这一实况的真实写照。为了增强号召力和权威性，他甚至搬出了孔子所说过的"吾不如老农"这句话。作为封建时代的一位知识分子，陆龟蒙如此公开地提倡士大夫要向农民学习，不仅要向农民学习农业生产知识，更要学习淳朴的民风，这是尤为难能可贵的。

在这篇600多字的文献中，陆龟蒙还根据自己的劳作经验和对"象耕鸟耘"传说的理解，提出了"深耕疾耘"这样精耕细作的原则，这种观念代表着中国古代最为先进的农业思想。正是在这一理念的引领下，唐宋时期的江南农业生产水平得到了极大的提高，经济也得到了前所未有的发展。

陆龟蒙在农业科技上的重要贡献，受到了历代学者的关注。元代学者陆深曾将《耒耜经》与《氾胜之书》《牛宫辞》并提，将它们誉为"农家三宝"。后来，包括大名鼎鼎的《授时通考》《农政全书》在内的农书，都将陆龟蒙的《耒耜经》全文转载。乾隆时期所修的《四库全书》也著录了《耒耜经》，并在《提要》中高度评价道："叙述古雅，其词有足观者。"英国科技史学者白馥兰更把陆龟蒙置于世界农业发展史的视野中，对他的著作给予了高度的评价："《耒耜经》是一本成为中国农学著作中的'里程碑'的著作，欧洲一直到这本书出现六个世纪后才有类似著作。"

身处江南鱼米之乡，陆龟蒙不仅关注江南的农耕，对渔猎生活也时有关心。在他和好友皮日休的诗歌唱和中，渔事诗所占的份额是相当大的，仅《渔具诗》和《添渔具诗》两组，就多达40首。其中前一组诗中，就介绍了19种渔具。

网罟（gǔ）类	罛（gū）、罾（zēng）、 罺（cháo）、罩、罱（lǎn）
筌类	钓筒、钓车
其他	梁、笱（gǒu）、箄（bēi）、 矠（zé）、叉、射、 樔（cóng）、桹（láng）、 神、沪、舴（zé）艋（měng）、 笭（líng）箵（xīng）

而在后一组作品中，他又描述了蓑衣、箬笠、背篷等打鱼垂钓时的穿戴用品等。无怪乎皮日休要在《添渔具诗》的序言中不无感慨地说道："凡有渔已来，术之与器，莫不尽于是也。"

在渔猎活动中，陆龟蒙极力主张有节制地捕钓，他在诗歌作品中疾呼，要注重渔业资源的保护，极力反对竭泽而渔，尤其是对当时人用药物药鱼的做法提出了激烈的批评。他在《药鱼》一诗中就曾这样说过："吾无竭泽心，何用药鱼药？见说放溪上，点点波光恶。食时竞夷犹，死者争纷泊。何必重伤鱼，毒泾犹可作。"在陆龟蒙看来，药鱼不仅容易造成渔业资源的枯竭，还会造成药物的毒性残留在水中，严重污染水体。这样的话语时时出现在他的诗歌之中，并不断地以此警醒告诫天下人。他在《南泾渔父》一诗中说道："孜孜戒吾属，天物不可暴。大小参去留，候其孳养报。终朝获渔利，鱼亦未常耗。"在这一朴素的生态观念指引下，陆龟蒙还积极引导世人采收鱼子，进行人工繁育"种鱼"，为此他还专门写有《种鱼》诗："移土湖岸边，一半和鱼子。池中得春雨，点点活如蚁。一月便翠鳞，终年必赪尾。借问两绶人，谁知种鱼利？"

甫里先生斗鸭池

扑朔迷离玉狂人

陆子冈，一作陆子刚，是明代嘉靖、万历年间苏州著名的琢玉大师。

二十出头的陆子冈因一件玉雕小品而蜚声海内外：一枝小小的水仙玉簪。玉簪的玉质其实并不是特别名贵，而且簪头上还有些黄色的瑕疵，但陆子冈因势造形地进行了精妙的构思，成就了一件巧雕之作。他在黄色瑕疵的那头雕琢成水仙花的花蕊，花蕊下的茎秆细如发丝，花瓣薄如蝉翼，颤巍巍地极显水仙花的娇态，整个作品玲珑奇巧，生动传神，观者无不叹为"神品"。这件事情后来被《苏州府志》记载："陆子冈，碾玉妙手，造水仙簪，玲珑奇巧，花如毫发。"

陆子冈琢玉技艺之高超，在苏州地区流传久远的民间传说中，也可得到一些印证。至于这些故事是否真实，姑且不论，但这一切无不透露出人们对陆子冈琢玉技艺和人品的高度肯定。

据说有一位地方官员为了巴结京城中的权贵，在苏州觅得一件宝贝——羊脂白玉雕刻的九龙杯。这件宝物上的九条龙雕刻得栩栩如生，杯子在转动时，每条龙都似乎在腾云驾雾，动感十足，再细看来，龙的眼珠中都会迸发出道道神光。更为神奇的是，杯子上龙的颜色会随着杯中酒品种的不同而变化。在处置这件宝物的过程中，有一个差人不小心把其中一条龙的尾巴碰断了，被这位地方官施以重刑。当陆子冈听说这件事以后，决计要对这位可怜而无辜的差人出手相救。

当这位一心巴结讨好上司的官员见到了陆子冈之后，惊喜万分，因为陆子冈素来个性桀骜不驯，尤其对那些对贪赃的官员，极为鄙夷不屑。现在不请自到，并且愿意修补九龙杯，自然喜不自胜。但是陆子冈对他说："要修补这件宝物，有一个条件，那就是必须把那位弄坏九龙杯的差人先放了。"官员急于想要修好宝物，答应放人。陆子冈看了看断面，稍微想了一下，决定因势造形，于是立即动手，在断尾处雕刻了一片云彩，这样既掩盖、弥补了断痕，又使得原来的龙增加了许多灵性，似乎这条龙在穿云腾雾，极富灵动之感。看到修复之后的宝物更甚于原作，这位地方官连连称叹不已："妙！妙！"在陆子冈走后，官员在杯中注满水，仔细把玩，就看到杯底隐现一首诗："羊脂白玉变色龙，尔追我赶何匆匆？酒干杯尽浮云散，水中镜花一场空。"很明显，这是对官员拍马逢迎的讥刺，但又极为婉转巧妙。

陆子冈玉雕作品上具有浓郁文人气息的题词、落款和印章，是他独

子冈款《桃式玉杯》

具魅力的艺术特色。但正所谓"成也萧何，败也萧何"。关于陆子冈之死，有一个尚未见于文献记载的故事：万历皇帝朱翊钧曾命陆子冈雕刻一把玉壶，明确告知他"不准落款"。陆子冈把玉壶雕好之后，又纯熟地运用他高超的内刻功夫，把自己的名款刻在玉壶嘴的里面。后来万历发现了这个秘密，非但没有处罚陆子冈，反而赞赏陆子冈手艺超群。但后来一次，陆子冈在为皇家琢玉的时候，竟然粗心到把自己的名款刻在了龙头之上，触犯天威，最后被杀。虽极有可能是杜撰，但也说明陆子冈琢玉技艺之高超。陆子冈生前没有留下一儿半女，也没有收徒，他一身的本领和绝技也就此湮灭。

支硎山下一诗僧

　　近代学者沈曾植在《海日楼题跋》卷一《八代诗风选跋》中提出，支遁实乃谢灵运山水诗的"风流祖述"："'庄、老告退，山水方滋'，此亦目一时承流接响之士耳。支公模山范水，固已华妙绝伦，谢公卒章，多托玄思。风流祖述，正自一家。"支遁，这位会通佛道儒玄的不世高僧，除了道家学说和玄学上的成就，也以其一身文人气度、一支生花妙笔，模山范水，时见率性与精义，奠定了中国古代山水诗的美学典范。

　　支遁俗姓关，陈留（今河南开封）人，一说河东林虑（今河南林县）人。支遁一生游历处甚多，在京城停留数年之后，支遁选择闲居苏州。在这里，支遁继续传播佛学，修建寺庙，也与当地的文人士大夫有着密切的交往。

《神骏图》 唐·韩幹绘　描绘的是高僧支遁爱马的故事

　　咸康八年（342）左右，他与何充等二十四位"同意者"（志同道合者），"在吴县土山墓下"举行"八关斋会"，前后长达四天之久。身处"清和肃穆，莫不静畅"的"静拱虚房"中，支遁时有所悟，所悟者正是他自己在诗序中所谓"悟外身之真"也。《八关斋诗》三首，极具禅意，其第二首就非常明确地告诫世人息心虚静、抱朴守真的重要性：

　　　　息心投伴步，零零振金策。

　　　　引领望征人，怅恨孤思积。

　　　　咄矣形非我，外物固已寂。

　　　　吟咏归虚房，守真玩幽赜。

　　　　虽非一往游，且以闲自释。

　　支遁在苏州的生活完全像传统的文人士大夫一样，沉浸在诗文歌赋中，然而他的诗文作品却与一般的文人有着明显的差异。他的作品中禅意甚浓，开创了中国文学史上儒佛交流、以禅入诗的先河。关于这一

点，世人皆不多言，著名学者余嘉锡在《世说新语笺疏》中就曾明确指出："支遁始有《赞佛》《咏怀》诸诗，慧远遂撰《念佛三昧》之集。"其实，只要略微翻检一下唐宋以来的文献，我们就会惊讶地发现，支遁的文学成就早在唐代就深得诸多大家的赞誉。杜甫在诗中称赞道："道林世不才"（杜甫《大云寺赞公房二首》）。柳宗元则更是明确地称赞支遁儒佛结合的贡献："昔之桑门上首，好与贤士大夫游。晋宋以来，有道林、道安远法师、休上人，其所与游则谢安石、王逸少、习凿齿、谢灵运、鲍昭之徒，皆时之选。由是真乘法印与儒典并用，而人知向方。"（柳宗元《送文畅上人登五台遂游河朔序》）直到清代，著名学者阮元还极力主张将支遁视为以词翰见长的文士："晋代沙门，多墨名而儒行，若支遁，尤矫然不群，宜其以词翰著也。"

我们不妨试读他《咏怀诗》中的一首代表作：

冷风洒兰林，管濑奏清响。

霄崖育灵蔼，神蔬含润长。

丹沙映翠濑，芳芝曜五爽。

茗茗重岫深，寥寥石室朗。

中有寻化士，外身解世网。

抱朴镇有心，挥玄拂无想。

永和年间（345—356），支遁南游越中，徜徉在会稽（今浙江绍兴）、剡县（今浙江嵊州市）、沃洲（今浙江新昌）一带，与越中文人往还密切，最后终老于越地。《世说新语》中留下的支遁的数十则故事，大部分就发生在此时此地。

画龙点睛张家样

　　张僧繇是南朝梁代画家，长于写真，以善画佛道著称，引入世俗审美，形成"面短而艳"的特殊风格，人称"张家样"，对大唐绘画雍容大气、丰满健康的审美倾向产生了重要影响。他借鉴书法中的"点、曳、斫、拂"等用笔方法，并吸收了印度的"凹凸画法"，与顾恺之、陆探微并称为"六朝三大家"。

　　相传张僧繇曾在金陵安乐寺的墙壁上画了四条龙，栩栩如生，但奇怪的是，四条龙都没有画眼睛，众人都觉得美中不足，纷纷请他把眼睛补上。张僧繇说，画了眼睛，龙就活了，会飞走的。众人不信，再三请求，张僧繇只好提起笔来点睛。刚画了两条，就见天上乌云密布，电闪雷鸣，刹那间，那两条有了眼睛的龙就活了过来，破壁而出，腾云驾雾，直没云霄，剩下两条没有眼睛的，则仍在壁上。这就是成语"画龙点睛"的由来。

妙手塑婴成绝响

　　袁遇昌，北宋雕塑家，吴县（今江苏苏州）木渎人，善捏塑、速塑，尤擅塑泥孩儿，俗称"摩睺罗"。当时流行在"七夕"时供奉"摩睺罗"，而且这种可爱的小物件也可以作为室内装饰，因此在市面上十分受欢迎。宋陈元靓《岁时广记》称："摩睺罗惟苏州极巧，为天下第一，进入内廷者以金银为之。"镇江市博物馆藏有数百件宋代泥塑孩童，高十余厘米，有的不施釉，有的略加点画，有的加彩绘；捏像儿童其中完整的一组（五个娃娃），形态天真稚趣，十分惹人喜爱，估计出自袁氏之手。袁遇昌亦长于捏泥美人、人物故事，一般以十六出为一堂，高只三五寸，给人供神攒盆之用；技工艺精，彩画鲜妍，齿唇眉发和衣襦襞积势似活动，形态各异，栩栩如生。卢熊《苏州府志》记载"遇昌死，其子不传，此艺逐绝"。

宋代孩童泥塑

鲁班再世落香山

他是香山帮木匠尊奉的鼻祖，他是明代皇帝钦定的皇宫建造"木工首"，他是公认的天安门城楼设计者，他是名垂青史、众口相传的"蒯鲁班"。

香山自古出木匠，史料曾有"江南木工巧匠皆出于香山"的记载。蒯祥的手艺来自家传，他精通尺度计算，每项工程施工前，他只需略加计算，便能画出设计图来，待施工完毕后，建筑的位置、距离、大小尺寸与设计图样分毫不差，榫卯骨架严丝合缝，就连明宪宗都很敬重他。

蒯祥不仅木工技术纯熟，还有很高的艺术天赋和审美意识。据记载，蒯祥能以双手握笔同时画龙，合二为一，一模一样，技艺可谓是炉火纯青。他还将江南的建筑艺术巧妙地运用到北地的皇宫府邸中，如苏州彩画、琉璃金砖等，使殿堂楼阁在富丽堂皇之外别具雅致情调。

1420年，承天门建筑完工后，蒯祥受到众口一词的赞扬，后来官升至工部左侍郎。在他任职期间，先后搞了不少修建工程，包括明英宗正统年间重建三大殿，明英宗天顺年间兴建裕陵。"凡百营造，祥无不与"，《宪宗实录》中这样评说。

胥口蒯祥园内的花园

后记

　　从懂事起，就记得这样一句话："人民，只有人民，才是创造世界历史的动力。"当我整理完二十二位"大师""奇人"的生平资料后，对这句话有了更加深刻的认识。

　　古代社会中的"巫医百工"之人，虽然身处社会下层，但是他们对自己事业有坚守与执着，有精益求精的态度，用其一生的时间践行着各自的初心，这是怎样的一种精神力量！正是这种穷其一生做好一件事的人生态度，才创造了历史上一个又一个的奇迹。

　　不由得想到了当下特别红火的两个词——"不忘初心"和"工匠精神"。中国自古以来就不缺乏这种精神，我们在书中所列举的"大师""奇人"无不如此。正是有了他们以及他们身上这些可贵精神的存在，才让中国曾经诞生过无数让世界人民为之羡慕、赞叹不已的物质财富和科学技术发明，丝绸、瓷器、茶叶、漆器、金银器、勾股定理、指南针……不胜枚举。今天的中国需不需要这些呢？这个问题已然不需要我们回答，我们需要以古为鉴，立即行动起来！

　　鉴于本书为《典范苏州》丛书中的一本，还有很多"大师""奇人"原本应该收入，为避免与《刺绣》《古典园林》《昆曲》《雕刻》《名士贤人》等专书重复，故而不录；而陆子冈、支遁、陆龟蒙等人，其他书中虽有涉及，但角度、论点不尽相同，故特保留。不当之处，还乞请方家批评指正。

是为后记。

杨旭辉

丙申初夏写于苏州

图书在版编目（CIP）数据

大师奇人 ／ 杨旭辉著. — 苏州：古吴轩出版社，
2017.12
（典范苏州社科普及精品读本／盛蕾主编. 识人
凝望苏州）
ISBN 978-7-5546-1083-1

Ⅰ.① 大… Ⅱ.① 杨… Ⅲ.① 先进工作者 — 生平事迹
— 苏州 Ⅳ.①K820.853.3

中国版本图书馆CIP数据核字（2017）第330545号

责任编辑：戴　颖
封面设计：陆月星
装帧设计：唐　朝　韩桂丽
责任校对：张　颖
责任照排：王志钰
图片提供：徐　怡　张炎龙　张维明　陈建林
　　　　　唐伟明　邵　彬　王志钰
篆　　刻：卫知立

书　　名：识人 凝望苏州 大师奇人
著　　者：杨旭辉
出版发行：古吴轩出版社
　　　　　地址：苏州市十梓街458号　　邮编：215006
　　　　　Http://www.guwuxuancbs.com　E-mail：gwxcbs@126.com
　　　　　电话：0512-65233679　　　　传真：0512-65220750
出 版 人：钱经纬
印　　刷：苏州市越洋印刷有限公司
开　　本：905×1270　1/32
印　　张：8
版　　次：2017年12月第1版　第1次印刷
书　　号：ISBN 978-7-5546-1083-1
定　　价：48.00元

如有印装质量问题，请与印刷厂联系。0512-68180628

封面用纸：190g东方雅韵　内页用纸：80g雅质　金华盛纸业提供